O ANEL DO PODER

BIBLIOTECA JUNGUIANA
DE PSICOLOGIA FEMININA

Jean Shinoda Bolen, M.D.

O ANEL DO PODER

A Criança Abandonada, o Pai Autoritário e
o Feminino Subjugado

Tradução
Adail Ubirajara Sobral
Maria Stela Gonçalves

Editora Cultrix
SÃO PAULO

Título do original: *Ring of Power – The Abandoned Child; the Authoritarian Father, and the Disempowered Feminine.*
Copyright © 1992, 1999 Jean Shinoda Bolen, M.D.
Copyright da edição brasileira © 1993, 2020 Editora Pensamento-Cultrix Ltda.
3ª edição 2020.
Excertos da tradução de *The Ring Cycle*, de Andrew Porter, usados com permissão de Andrew Porter e Artellus Limited.
Ilustrações do frontispício e dos capítulos feitas por Arthur Rackham, retiradas de *The Ring of the Niblung: A Trilogy with a Prelude*, de Richard Wagner. Copyright 1911, Doubleday, Page & Co.; Garden City Publishing Co., Inc. 1939. Cortesia da Biblioteca de Timothy Conley Baldwin.

Todos os direitos reservados. Nenhuma parte deste livro pode ser reproduzida ou usada de qualquer forma ou por qualquer meio, eletrônico ou mecânico, inclusive fotocópias, gravações ou sistema de armazenamento em banco de dados, sem permissão por escrito, exceto nos casos de trechos curtos citados em resenhas críticas ou artigos de revistas.

A Editora Cultrix não se responsabiliza por eventuais mudanças ocorridas nos endereços convencionais ou eletrônicos citados neste livro.

Editor: Adilson Silva Ramachandra
Gerente editorial: Roseli de S. Ferraz
Gerente de produção editorial: Indiara Faria Kayo
Editoração eletrônica: Join Bureau
Revisão: Vivian Miwa Matsushita

Dados Internacionais de Catalogação na Publicação (CIP)
(Câmara Brasileira do Livro, SP, Brasil)

Bolen, Jean Shinoda
  O anel do poder: a criança abandonada, o pai autoritário e o feminino subjugado / Jean Shinoda Bolen; tradução Adail Ubirajara Sobral, Maria Stela Gonçalves. – 3. ed. – São Paulo: Editora Pensamento Cultrix, 2020.

  Título original: Ring of power : the abandoned child; the authoritarian father, and the disempowered feminine
  ISBN 978-65-5736-000-2

  1. Arquétipo (Psicologia) 2. Famílias disfuncionais – Aspectos psicológicos 3. Jung, C.G. (Carl Gustav), 1875-1961 4. Mitologia germânica – Aspectos psicológicos 5. Psicologia junguiana 6. Wagner, Richard, 1813-1883. Ring des Nibelungen I. Título.

20-35922   CDD-150.1954

Índices para catálogo sistemático:

  1. Jung : Psicanálise: Psicologia   150.1954
  Maria Alice Ferreira – Bibliotecária – CRB-8/7964

Direitos da tradução para o Brasil adquiridos com exclusividade pela
EDITORA PENSAMENTO-CULTRIX LTDA., que se reserva a
propriedade literária desta obra.
Rua Dr. Mário Vicente, 368 – 04270-000 – São Paulo, SP
Fone: (11) 2066-9000
http://www.editoracultrix.com.br
E-mail: atendimento@editoracultrix.com.br
Foi feito o depósito legal.

"Um Anel do Poder cuida de si mesmo, Frodo. Ele pode fugir traiçoeiramente, mas o seu detentor nunca o abandona. No máximo, ele brinca com a ideia de passá-lo aos cuidados de outra pessoa... Mas, pelo que sei, só Bilbo, em toda a história, foi além da brincadeira, tendo-o feito de fato."

"Ao seu usuário, o Anel deu domínio sobre toda criatura viva; mas, tendo sido concebido por um poder maléfico, no final ele corrompia inevitavelmente quem quer que tentasse usá-lo."

O Senhor dos Anéis, de J. R. R. Tolkien, Parte Um

FREYA, deusa da juventude e do amor, cujas maçãs mantêm os imortais eternamente jovens. Wotan oferece essa deusa aos gigantes como recompensa pela construção do Valhalla, pensando poder evitar o pagamento. Freya é um símbolo das qualidades que os homens sacrificam para adquirir poder e fama.

Sumário

Prefácio... 9

Agradecimentos.. 15

Introdução
O Ciclo do *Anel* Fala sobre Nós............................. 17

Capítulo 1
O Ouro do Reno: A Busca do Poder e seu Custo Psicológico... 33

Capítulo 2
A Valquíria: O Pai Autoritário e a Família Deficiente..... 63

Capítulo 3
Siegfried: O Herói como Criança Adulta.................... 111

Capítulo 4
O Crepúsculo dos Deuses: A Verdade Põe Fim ao Ciclo do Poder.. 161

Capítulo 5
Libertar-nos do Ciclo do *Anel* 211

Capítulo 6
Além do Valhalla: Um Mundo Pós-Patriarcal? 237

Árvore Genealógica 253

Glossário de Personagens, Criaturas, Objetos e Lugares 255

Simbologia de Cenas 261

Leituras Selecionadas 265

Discografia 269

Prefácio

Na qualidade de psiquiatra e analista junguiana, tento reconhecer o que tem sentido em termos psicológicos. É com esse "ouvido", e não com o de um músico, que ouvi *O Anel dos Nibelungos*, de Richard Wagner. Tive a experiência de uma história inspirada: Wagner criara uma série dramática de quatro óperas cujas situações, personagens e palavras eram míticas, com o poder que tem o mito de ressoar nas camadas mais profundas da nossa psique. O ciclo do *Anel* penetra as emoções da vida real e reflete diante de nós temas que vivemos. Eu sabia que, se pudesse fazer a história e o sentido ter vida para outros, tendo eu tido a experiência pessoal dessa história e desse sentido, poderia ajudar as pessoas a ter profundas percepções a respeito de si mesmas e dos seus relacionamentos significativos, bem como oferecer uma perspectiva das origens psicológicas e do caráter destruidor das instituições autoritárias. Eu tinha em mente um título longo demais para ser usado, mas que de fato descreve o assunto deste livro: "O Anel do Poder: O Pai Autoritário (ou

Narcisista), a Criança Abandonada (ou Rejeitada), o Feminino Subjugado (ou Ausente) e a Família e a Sociedade Deficiente".

Também me dispus a contar a história de *O Anel dos Nibelungos*. Trata-se de uma história complexa e absorvente: pode ser comparada com uma minissérie de televisão de quatro capítulos que se estende por três gerações ou com uma novela russa repleta de personagens e mudanças de cena e de tempo. Embora não seja essencial, conhecer a história antes de assistir à ópera sem dúvida favorece uma experiência mais profunda e grandiosa. Antes de cada ópera, quis ler algo que desse vida à história, mas não encontrei. Além disso, para realizar o que pretendia com este livro, era fundamental veicular ao leitor a história de uma maneira que evocasse sentimentos, imagens e lembranças pessoais. Para fazê-lo, eu seria uma contadora de histórias. Desse modo, começo cada um dos quatro capítulos centrais contando a história de uma das quatro óperas – *O Ouro do Reno*, *A Valquíria*, *Siegfried* e *O Crepúsculo dos Deuses* – que compõem *O Anel dos Nibelungos*. Elas são narrativas que podem ser lidas antes de se assistir à ópera, bem como um recurso capaz de tornar vivas as histórias antes de mergulhar na sua psicologia.

Segue-se à descrição de cada ópera nos capítulos 1 a 4 um comentário baseado na psicologia arquetípica junguiana combinada com a psicologia dos relacionamentos deficientes e do patriarcado. Quando se estabelece um vínculo entre uma história que nos cativa e a vida real, a verdade que percebemos através da história a nosso respeito, sobre a nossa família e a nossa sociedade pode ser transformadora. Então, a percepção emocional e cognitiva, em conjunto, nos revela o *Anel* com uma força inegável: agora sabemos que alguma coisa é verdadeira. Nos círculos operísticos, o *Anel* exerce um fascínio ímpar. O poder evocativo da música e do mito de tocar profundas cordas sensíveis de significado pessoal explica por que as pessoas ficam enlevadas com *O Anel dos Nibelungos*. Quando se passa por essa experiência, a alma fica comovida. Quando se acrescenta a isso a compreensão psicológica, a mente também se envolve. Escrevi *O Anel do Poder* como um recurso para fazer o reino psicológico entrar na percepção consciente das pessoas que desejam adicionar essa dimensão à sua experiência do *Anel*.

O fato de *O Anel dos Nibelungos* – uma obra a que Richard Wagner dedicou quatro anos de criação, de 1848 a 1852 – ter sido, por toda a sua existência, tão atraente comprova a capacidade de Wagner de dar expressão, por meio da sua música e do seu talento teatral, a motivos universais ou a experiências humanas arquetípicas que constituem temas em constante repetição na vida.

O ciclo do *Anel* tem seguidores devotados, fanáticos e leais, tendo nesse aspecto primazia sobre as outras obras operísticas. Seus entusiastas acorrem de todo o mundo para assistir à exibição do ciclo completo. Talvez apenas os Grateful Dead, um famoso grupo de rock da área da Baía de San Francisco, cujos fãs são conhecidos como "Deadheads" [fanáticos pelo Grateful Dead] tenham seguidores da mesma espécie. Quando o ciclo do *Anel* veio para San Francisco e as pessoas correram para o teatro, comportando-se mais como fãs do que como acomodados frequentadores da ópera, era talvez inevitável que fossem chamadas de "Ringheads" [fanáticos pelo *Anel*]. (Dois membros do Grateful Dead são "Ringheads".) O alvoroço provocado pela ópera recebeu o nome de "Ring Mania" [mania do *Anel*], comprovando mais uma vez a intensidade do fascínio por ela. Nesse mesmo período, o Public Broadcasting System estava transmitindo uma versão filmada do ciclo do *Anel* feita pelo Metropolitan; assim, durante quatro noites, o *Anel* esteve também na televisão. Assistida, discutida, copiada por milhares de aparelhos de videocassete, essa série atraiu um inteligente público de televisão mais ou menos da mesma maneira como *O Poder do Mito*, as entrevistas de Bill Moyer com Joseph Campbell o fez. Em ambos os casos, um material mítico conhecido principalmente por eruditos, mitólogos, junguianos e estudiosos ou entusiastas de Wagner tornou-se amplamente acessível a um público maravilhado. Este ficou marcado pelo que viu e ouviu, e desejava saber mais.

A crescente receptividade ao mito por parte do público em geral, ao lado de uma rejeição cada vez maior das notícias manipuladas, como o são as que os nossos políticos apresentam, revelam um discernimento da verdade e da profundidade. As notícias manipuladas, com suas "fotos oportunas" e "frases de efeito espontâneas", são apresentadas como factuais, embora não passem, na verdade, de histórias forjadas e, com frequência, enganosas. Em contrapartida, os mitos, sem reivindicar factualidade, nos dizem a verdade do modo como os sonhos o fazem: na linguagem da metáfora e do símbolo.

O meu interesse por *O Anel dos Nibelungos* vem da mesma inspiração que me levou a escrever *Goddesses in Everywoman* e *Gods in Everyman*. Nesses livros, descrevo poderosos padrões arquetípicos, presentes nos homens e nas mulheres, e o faço a partir de deuses e deusas gregos, mostrando como eles interagem com valores patriarcais que recompensam alguns arquétipos e punem outros. Por ter escrito esses livros, fui convidada a falar sobre os deuses e deusas no ciclo do *Anel* de Wagner durante um simpósio patrocinado pelo Langley Porter Psychiatric Institute, pelo Departamento de Psiquiatria da Universidade da Califórnia, San Francisco, onde sou professora clínica, e pela San Francisco Opera Company. Ao ler o libreto e assistir às óperas, vi-me diante de arquétipos conhecidos da mitologia grega, mas com nomes germânicos e personalidades mais humanas e complexas.

A experiência que tive foi profundamente comovente e me fez desejar sistematizar aquilo que senti e intuí. Sem consultar a mim nem ao meu editor, *O Anel dos Nibelungos* assumiu o meu processo criativo como uma gravidez não planejada e pôs *The Grail and the Goddess*, o livro em que eu estivera trabalhando, em segundo plano.

Assim surgiu *O Anel do Poder*. Espero que os leitores descubram aspectos da sua vida pessoal nos quatro primeiros capítulos. Desejo que detalhes sejam lembrados e emoções reavivadas quando forem revelados paralelos entre a vida real e o ciclo do *Anel*. Embora a substância do livro esteja nesses capítulos, sua mensagem espiritual central está no capítulo 5, "Libertar-nos do Ciclo do Anel".

O psicológico, em última análise, torna-se espiritual depois de nos libertarmos da obrigação de atender expectativas incompatíveis com o que é profundamente importante para nós e de apegos ou complexos que nos têm em suas garras, alçando-nos a um relacionamento firme com aquilo que C. G. Jung chamou de arquétipo do *Self*. Considero *Self* um termo genérico para a experiência interior do deus, da deusa, do Tao, da força mais elevada, do espírito. Qualquer que seja a sua designação, trata-se de uma fonte de sabedoria, de compaixão e de sentido mediante a qual sabemos ter um lugar no universo.

O capítulo 6, "Além do Valhalla: Um Mundo Pós-Patriarcal?", é uma especulação visionária a respeito da possibilidade de uma era pós-patriarcal e sobre a contribuição que cada um de nós dá para esse objetivo ao viver autenticamente e falar a verdade.

Este livro, que insistiu em vir à luz, ora se lança no mundo. Alimento a esperança de que ele toque tanto o coração como a mente, que evoque sonhos e permita que homens e mulheres ponham em prática aquilo que é verdadeiro para si mesmos. Que *O Anel do Poder* faça diferença para pessoas que podem fazer diferença onde quer que estejam.

AGRADECIMENTOS

Peter Ostwald, M.D., persistiu no convite que me fez para que eu participasse de um simpósio sobre *O Anel dos Nibelungos*. Richard M. Childs, M.D., deu-me o livro *Wagner's Ring and Its Symbols*, de Robert Donington. Patricia Ellerd Demetrios, Ph.D., me acompanhou quando fui ver o ciclo do *Anel*, tendo contribuído de maneira imensurável com suas percepções, seu entusiasmo e seu conhecimento sobre a codependência e sobre a literatura e os grupos de recuperação. *O Anel do Poder* foi um empreendimento inesperado. Sem o convite, o presente e o diálogo, sei que este livro não teria sido escrito.

É intensa a minha sorte por ter Clayton Carlson como editor e Tom Grady como revisor. Sua crença em mim e o apoio que dão ao meu trabalho permitem que eu fique indo e voltando entre os projetos de livro, dando-me a possibilidade de estar num processo criativo orgânico. Tom Grady deu-me valiosos conselhos editoriais, tendo sugerido as ilustrações de Arthur Rackham para a capa e o livro. Valerie Andrews foi uma perspicaz e útil consultora editorial.

Quanto ao texto de *O Anel dos Nibelungos*, de Richard Wagner, usei as traduções para o inglês de Andrew Porter, patrocinadas pela English National Opera, e a tradução de Stewart Robb. Meu pensamento tem sido moldado pela minha formação de psiquiatra e analista junguiana, pelos meus pacientes e analisandos, pelo movimento feminista e, faz pouco tempo, por Alice Miller, que escreve com intensidade acerca da educação infantil e da paternidade narcisista, e por Anne Wilson Schaef, no que se refere à codependência e aos apegos no contexto da sociedade.

Acima de tudo, fico maravilhada com o quanto se deve agradecer à sincronicidade e à sorte, que senti estarem invisível e ativamente presentes na concepção, na incubação e no nascimento deste livro.

INTRODUÇÃO

O CICLO DO *ANEL* FALA SOBRE NÓS

Não há bons casamentos nem famílias felizes na mitologia clássica. Há em toda parte uma hierarquia. Uma figura paterna autoritária manda em todos. O deus principal age por interesse próprio, impondo sua vontade e seus desejos; considerado em termos psicológicos, ele é o modelo de uma personalidade autoritária e narcisista. As mulheres – quer como mortais, como deusas ou como símbolos femininos – são, com raras exceções, oprimidas, sacrificadas ou humilhadas. O estupro é a norma, e o poder, em vez do amor, é o princípio predominante. Filhos e filhas ou se sujeitam em busca de aprovação, quando são extensões obedientes da vontade do pai, ou são sacrificados, rejeitados, raptados, punidos, ignorados.

A mitologia de uma cultura, nesse caso, a civilização ocidental, nos instrui acerca dos valores, padrões e pressupostos em que se baseia essa cultura. Quando paramos para examinar o nosso legado mitológico, podemos ficar iluminados ou estarrecidos diante do ponto até o qual ele é uma metáfora daquilo que existe na realidade contemporânea, o ponto até o qual a nossa mitologia fala sobre nós.

O principal deus de *O Anel dos Nibelungos* é Wotan, e não Zeus; sua esposa é Fricka, e não Hera. Brunnhilde, como Atena, é a filha guerreira imortal e favorita do deus principal. Embora esses personagens lembrem as divindades gregas cuja mitologia também se baseia no poder, há diferenças significativas. No reino do poder do *Anel* entram o amor, a compaixão e a sabedoria. Trata-se da mitologia da família deficiente em transição, demonstrando que a busca do poder é um substituto do amor.

Ficar imerso em *O Anel dos Nibelungos*, na forma de ópera, de música ou de história, é ter uma experiência comparável a uma série de sonhos muito intensos. Lembramo-nos das partes importantes, e aquilo que é de fato significativo pode permanecer vividamente na nossa memória. Quando o sentido fica claro, vem uma exclamação que nos revela por que ficamos fascinados ou estimulados por um incidente particular e por que percebemos alguma faceta de nós mesmos da nossa vida que, como a verdade, nos fortalece. Com *O Anel dos Nibelungos* também acontece isso, mas podemos retornar repetidas vezes à experiência em si, cada vez, quem sabe, atraídos por mais um símbolo ou parte da história, uma história que teve variações acerca dos temas do amor e do poder – que permeiam e afetam a vida de todos nós.

POR QUE MITOS?

Os mitos e as metáforas, assim como os sonhos, são valiosos instrumentos que atraem a atenção do ouvinte, do sonhador ou do leitor para uma personagem, um símbolo ou uma situação, como se ele reconhecesse alguma coisa que sabe no íntimo. Os mitos superam o esforço da mente de divorciar a emoção da informação. Eles causam uma impressão, são lembrados e nos incitam a descobrir o que significam, o que explica o ávido interesse que os públicos do Anel têm pelo sentido da história.

Se a narrativa de *O Anel dos Nibelungos* ou partes específicas dela exercem algum fascínio, ela pode catalisar a ativação de níveis mais profundos da psique, trazendo à consciência certos assuntos, lembranças e sentimentos.

Neste livro, começo como uma contadora de histórias e acompanho cada história com interpretações psicológicas, da mesma maneira como a interpretação segue a narrativa de sonhos numa análise junguiana. Eu "amplifico" *O Anel dos Nibelungos* como se fosse um sonho complexo. Meus comentários acerca da história são, pois, sugestões, significados potenciais baseados no meu conhecimento das pessoas, dos arquétipos e padrões psicológicos. A autoridade que sabe quando uma interpretação é verdadeira, contudo, é a pessoa (equivalente ao "sonhador") que reconhece que esta ou aquela parte do *Anel* é a sua história. Quando uma interpretação se revela correta, assume o caráter de uma descoberta que lança luz sobre a vida, dando-nos uma consciência que pode, por sua vez, ajudar-nos a saber quem somos e o que, de fato, importa para nós.

OS TEMAS DE *O ANEL DOS NIBELUNGOS*

Cada uma das quatro óperas introduz variações sobre o tema principal: o poder em oposição ao amor e o efeito da busca do poder sobre as pessoas e os relacionamentos. Em *O Ouro do*

Reno (*Das Rheingold*), a ópera que serve de prelúdio a tudo o que acontece, o anel dos Nibelungos – que se torna o símbolo preponderante nas quatro óperas – é forjado por Alberich, um anão, ou nibelungo. Trata-se de um anel do poder; quem o possui pode dominar o mundo. Aquele que forjar o anel deve renunciar ao amor para sempre. O entendimento psicológico nos ajuda a compreender de que modo isso acontece e por que Alberich, que simboliza a criança rejeitada e vítima de maus--tratos, a sombra que pode nos acompanhar por toda a vida pedindo vingança pelas nossas humilhações da infância, vai pagar esse preço. Alberich representa um lado sombrio da personalidade que está por trás da busca do poder sobre os outros. Enquanto Alberich forja o anel, Wotan, que equivale a Zeus, faz um contrato para a construção do Valhalla como monumento ao seu poder, à sua masculinidade e à sua fama eterna. Wotan acredita que pode deixar de pagar o preço quando for a hora de acertar as contas. Ele prometeu dar aos construtores Freya, a deusa do amor e da juventude, as próprias qualidades habitualmente sacrificadas por homens ambiciosos.

Os temas de *A Valquíria* (*Die Walküre*), a segunda ópera da série, concentram-se na dinâmica da família deficiente advinda da desigualdade do poder e da perda do amor. O casamento de Wotan e de Fricka (tal como o de Zeus e Hera) deteriorou. Eles mantêm as aparências, mas há hostilidade em sua relação. Wotan é um pai autoritário que espera que os filhos levem adiante sua ambição. Ele ignora suas dificuldades. Seu jovem filho, Siegmund, é entregue à própria sorte, e o abandono de sua Sieglinde faz dela uma vítima certa. Como muitos homens em casamentos deficientes, que se voltam para filhas que os idolatram, Wotan tem uma relação emocionalmente incestuosa com Brunnhilde, sua amada filha valquíria, até que ela desobedece a ele, por ter compaixão de Siegmund e Sieglinde, tornando-se objeto de sua ira e dos seus maus-tratos. Podemos também ver em Brunnhilde a provação e o preço de tornar-se menos o arquétipo e mais o ser humano, uma situação enfrentada por algumas filhas de pais bem-sucedidos. Essas mulheres muitas vezes constroem boas carreiras, mas a um custo considerável para sua natureza feminina e para sua individualidade.

Siegfried, a terceira ópera, é o nome do "herói que não tem medo", que mata o dragão, e é um protótipo do filho emocionalmente embotado, mas bem-sucedido, de uma família deficiente. Ele foi criado por Mime, uma figura parental mártir que afirma amar Siegfried mas não o faz, procurando antes obter por meio dele acesso ao poder. Siegfried não foi amado genuinamente, e por isso não pode reconhecer nem valorizar o amor incondicional quando o recebe. Assim sendo, ele (e homens como ele) tira proveito da mulher que o ama genuinamente e depois a esquece – é isso que Siegfried faz com Brunnhilde na quarta ópera, *O Crepúsculo dos Deuses*.

Esta última ópera é mais conhecida pelo seu título alemão, *Götterdämmerung*. Ela nos faz perceber o modo pelo qual eventos que têm à frente Alberich e Wotan em *O Ouro do Reno* afetam as pessoas por várias gerações. Tomamos conhecimento de uma cosmologia que explica o patriarcado e nos damos conta de que uma nova era só pode começar depois da destruição da velha estrutura da devolução ao Reno do anel dos Nibelungos. A essa altura, sabemos que a história é sobre nós, e ficamos meditando a respeito do que tem de ser conhecido e feito para dar fim ao anel do poder e à sua influência destrutiva sobre a nossa vida e o nosso mundo.

AS PESSOAS VIVEM OS EVENTOS DO ANEL

Como psiquiatra com consultório particular, vejo com frequência "a esposa e os filhos de Wotan". Vejo "Wotan" com muito menos assiduidade. Ele não gasta muito tempo nos consultórios psiquiátricos, pois teme parecer fraco e equipara revelar vulnerabilidade com desistir do controle. Posso vê-lo se ele se tornar "o Andarilho", a identidade que Wotan assume quando procura a sabedoria, depois de passar por uma perda e uma limitação e de se tornar, por isso, menos arrogante e deprimido.

"Wotan" é outro nome para uma personalidade autoritária, um homem cujas ambições e necessidade de controle afetam sua família e seu trabalho. A personalidade autoritária exige que os outros vejam as coisas à sua maneira e ponham sua vontade em primeiro lugar. Essa vontade é imposta pela sua raiva e pelo seu poder de punir, o que produz relacionamentos, famílias e organizações deficientes. Quando alguém se identifica com Wotan enquanto arquétipo, surge uma personalidade autoritária. Na sua presença ou esfera de influência, falar a verdade, tomar iniciativas e exprimir autenticamente sentimentos são sufocados. Nessas circunstâncias, é comum as pessoas sofrerem depressão, tornarem-se codependentes do seu narcisismo, agirem de modo passivo-resistente, embotarem seus sentimentos ou terem doenças psicossomáticas.

Tal como Fricka, muitas "esposas de Wotan" contemporâneas descobrem que o seu casamento tem forma mas não substância. Uma vez presa da sua ambição (obter seu equivalente do anel do poder), Wotan em geral não se interessa sexualmente pela esposa nem se dá ao trabalho de saber o que ela sente ou pensa. Ela e suas percepções acerca do custo da busca de posição, dinheiro ou poder são descartadas. Quando ela lhe diz a verdade, ele a trata como uma resmungona; em consequência, no esforço para ser ouvida, ela pode tornar-se repetitiva e, às vezes, histérica. Nesse caso, o homem costuma ficar ainda mais distante.

As "filhas de Wotan" podem ser emocionalmente abandonadas e tratadas como incoerentes, ou chamadas a cuidar das necessidades emocionais do pai, tornando-se esposas substitutas. Quando são desvalorizadas ou maltratadas por um pai forte, cujo amor e aprovação buscam, as filhas têm afetadas sua confiança e sua autoestima. Isso as torna suscetíveis a, mais tarde, serem dominadas por outrem, da mesma maneira como Sieglinde foi dominada por Hunding. Havendo incesto pai-filha, a probabilidade de abuso físico ulterior é ainda maior. "Filhas de Wotan" que dependem da aprovação do pai comumente se tornam "filhas do pai", o papel familiar de Brunnhilde. Como tais, elas podem vir a ser as confidentes do pai, mais próximas dele do que ele da esposa. Identificadas com ele e com as suas metas, essas filhas passam a ser reflexos do pai, sacrificando a própria individualidade.

Como os filhos em geral participam da expansão das ambições de longo alcance de um Wotan, os "filhos de Wotan" costumam ter problemas distintos. O filho que procura um psiquiatra normalmente é igual a Siegmund, já que tem um pai ausente ou que raramente vê. Ele pode diferir de modo significativo do pai em termos de interesses e de personalidade, como de fato ocorria com Siegmund, podendo em algum ponto ser rejeitado pelo pai por não estar à altura da função para a qual foi concebido. Suas dificuldades são a pouca autoestima e a depressão.

"Filhos de Wotan" semelhantes a Siegfried, o neto herdeiro de Wotan, provavelmente não procuram psiquiatras. Eles não percebem que têm problemas. Tal como Siegfried, são homens insensíveis, que pensam estratégica e logicamente sobre o que encontram no mundo exterior. São pensadores pragmáticos, o que lhes dá vantagem em carreiras científicas, esportivas, de negócios e militares. São homens que vão em busca do que querem, tomam coisas dos outros e seguem em frente. Se forem filhos, netos ou filhos substitutos de construtores de dinastias, podem ser preparados para o sucesso como herdeiros de Wotan, para descobrir, no final, que ele não é capaz de transferir o controle ou o poder.

SÍMBOLOS DE COMPAIXÃO E CORAGEM: BRUNNHILDE E SIEGMUND

No ciclo do *Anel*, é Brunnhilde que leva a termo a era do poder de Wotan, um fim que ele antecipa, mas que não pode concretizar por si só. O momento em que o Valhalla é destruído pelas chamas pode simbolizar o fim de um ciclo pessoal ou familiar, ou, como sugiro no capítulo 6, "Além do Valhalla", um possível fim do patriarcado.

Na vida familiar contemporânea e nos comentários atuais sobre a sociedade, é "a filha" que traz à luz o abuso do poder nos relacionamentos. A começar pela ênfase do movimento feminista em dizer a verdade acerca da experiência de cada um e, hoje, no contexto de grupos de doze passos, as pessoas quebram o ciclo da deficiência familiar e social dessa maneira. A verdade é o fogo purificador que faz ruir a velha ordem.

Embora seja a filha Brunnhilde quem promove a mudança, Siegmund, o filho que criou a si mesmo e seguiu seus próprios sentimentos, é quem dá o exemplo de amor altruísta que a transforma. Em *A Valquíria*, Siegmund renuncia à oportunidade de ser um herói imortal para não abandonar Sieglinde a sofrimentos maiores. Siegmund é um homem de sentimentos não embotados que usa sua espada para defender a vulnerabilidade e a liberdade de escolha. É o filho que não sobrevive nem floresce no patriarcado, o arquétipo presente nos homens que é sacrificado em nome do sucesso, um protótipo do herói corajoso motivado pela compaixão que é, ao mesmo tempo, um excluído e um modelo do homem não patriarcal. Em Siegmund, vemos a força viril ser usada para proteger os outros e cuidar deles.

Brunnhilde e Siegmund, filha e filho de Wotan, sofrem diretamente e são corajosos. Motivados pelo amor, em vez de o serem pelo poder ou pela vingança, eles são figuras arquetípicas que precisam chegar à psique, à família e à cultura a fim de transformá-las.

DESEJAR O AMOR E BUSCAR O PODER

Estou convencida de que entramos no mundo procurando ser amados e de que buscamos o poder quando não somos amados. O mundo no qual penetramos é um mundo de relacionamentos. Ao nascer, chegamos com a nossa inocência e vulnerabilidade como bebês, feitos para evocar o amor e o cuidado de que necessitamos para sobreviver. Depois do nascimento, a vida segue um padrão em espiral: entramos repetidamente em novos mundos de relacionamento – como crianças, como adolescentes e como adultos, a cada vez desejosos de ser bem recebidos nesse novo mundo e amados. Quando descobrimos que somos amados ou que só o somos por aquilo que fazemos ou possuímos, o poder, em alguma de suas formas, se torna o substituto, o recurso mediante o qual procuramos a aceitação e a segurança que o amor dá de graça. Assim, procuramos ser reconhecidos ou necessários, indispensáveis ou detentores do controle.

Quando as pessoas ficam obcecadas com a busca do poder – em forma de controle, segurança ou reconhecimento – e quando têm poder sobre os outros, aquilo que fazem afeta quem as cerca, como vemos demonstrado claramente em *O Anel dos Nibelungos*. Alexandre, o Grande, Napoleão, Gengis Khan e Hitler, pessoas reais que, como Alberich e Wotan, procuraram reger o mundo, afetaram milhões de pessoas na tentativa de fazê-lo. Um genitor tirânico ou um empregador com a necessidade narcisista de controlar os outros tem uma esfera de influência destrutiva muito menor, mas pode, não obstante, ser psicologicamente devastador para os outros.

A história da vida de qualquer pessoa para quem o poder conta mais do que o amor se passa numa família, numa organização ou nação integrada no patriarcado, uma cultura que enfatiza o domínio de pessoas, de classes ou de nações sobre outras pessoas, classes ou nações, que enfatiza a supremacia ideológica decidida pela força e de religiões que sustentam o direito divino de alguns homens sujeitarem os outros e de a humanidade dominar a natureza. O poder é o princípio predominante do patriarcado e, onde o poder é que rege, e não o amor, a liberdade e a justiça também padecem. É uma batalha ficar ao lado do amor como princípio numa cultura patriarcal, mas sucumbir ao poder tem um efeito destrutivo sobre os próprios relacionamentos de que necessitamos. Cada pessoa deve lutar para determinar qual o princípio dominante da psique: o amor ou o poder. O que vai decidir quais são os nossos relacionamentos significativos, qual a nossa escolha profissional, onde vamos viver – e, em última análise, por meio das escolhas que fizermos, aquilo que pretendermos ser?

Não são apenas Wotan, Brunnhilde, Siegmund e as outras personagens de *O Anel dos Nibelungos* que enfrentam a opção entre o amor e o poder; isso acontece com cada um de nós.

Viemos a um mundo voltado para o poder procurando ser amados. Precisamos de outras pessoas, que podem nos proteger ou nos ferir, favorecer o nosso crescimento ou prejudicá-lo, fazer com que nos sintamos seguros e inerentemente dignos ou nos encher de dúvidas e de autocondenações. Trazemos uma capacidade humana inerente de amar os outros e de nos sentirmos bem com relação a nós mesmos quando amamos de fato e amamos aquilo que fazemos. A autenticidade e a integridade ou harmonia interior vinculam-se a escolhas feitas a partir de quem somos e do que amamos. Depressões, ansiedades, loucura, falta de autoestima, sensações de falta de sentido, violência e apegos e vícios que aliviam a dor, mas criam mais dores, surgem quando não vivenciamos a nós mesmos como pessoas que têm escolha, quando não podemos amar, quando nos vemos divididos por facções interiores adversárias, quando temos medo e suprimimos aquilo que realmente sentimos ou temos medo de reconhecer como verdadeiro. A cura começa com o reconhecimento da verdade da nossa condição.

TEMENOS E TRANSFORMAÇÃO

O espaço em que recebo meus pacientes é, na sua aparência externa, um consultório. Quando a confiança é estabelecida, ele se torna um *temenos*, que significa "santuário" em grego. Comprometo-me a mantê-lo como um lugar seguro para as confidências e vulnerabilidades dos pacientes, e um ambiente em que eles não se sintam explorados nem traídos, onde suas muitas partes possam encontrar refúgio, onde eles possam falar a verdade. É um local onde as armaduras e armas psicológicas podem e devem ser retiradas, caso se deseje que a cura ocorra. Um programa de recuperação, um grupo de doze passos, um círculo de mulheres ou um grupo de homens também podem ser um *temenos* para os seus membros. Idealmente, as famílias e os relacionamentos significativos também deveriam sê-lo.

Temenos significa terreno sagrado; um templo, um lugar em que a divindade pode entrar e ser sentida, um equivalente do conceito cristão de que "onde duas ou mais pessoas se reunirem em meu nome, aí estarei eu". Sempre que encontramos o amor incondicional que buscamos no mundo, estamos num espaço sagrado, num *temenos*. Nele, a graça e a revelação, em suas vestes mais comuns do amor e da percepção, podem ser encontradas.

No recinto de cura do deus Asclépio em Epidauro, Grécia, havia não apenas um *temenos* redondo, como também um anfiteatro, no qual quem para lá acorria podia ver representações que eram parte integrante do que era prescrito para se recuperar a saúde. Todos os que iam para lá procuravam igualmente ter um sonho de cura. *O Anel dos Nibelungos* pode ter, na cura psicológica, uma função equivalente à das representações do anfiteatro de Epidauro. Esses quatro dramas em forma de ópera têm também a força dos sonhos significativos. Eles revelam temas destrutivos da nossa vida que poderemos modificar se nos apercebermos do padrão e do custo que nos impõem. Quando uma série de sonhos ou histórias significativas consegue comover uma pessoa, o efeito transformador pode ser tremendo. A mensagem é entendida profundamente, libertando-nos de padrões inconscientes, levando-nos a ver que a nossa vida tem sentido e recordando-nos de que, tendo consciência e escolha, somos capazes de fazer modificações no nosso mundo pessoal e no mundo exterior.

AS DONZELAS DO RENO imploram pelo retorno do Ouro do Reno. Em seu estado original, esse ouro simbólico é uma fonte de sentido, de júbilo e de numinosidade oculta nas profundezas. Dar ao Ouro do Reno a forma de um instrumento de poder passível de ser usado para subjugar outras pessoas equivale a corrompê-lo, aquilo que os líderes demoníacos e carismáticos fazem.

PERSONAGENS

AS DONZELAS DO RENO

(Três ninfas do rio cuja tarefa é guardar o Ouro do Reno.)
Flosshilde, Wellgunde, Woglinde.

OS NIBELUNGOS

(Anões escuros que vivem debaixo da terra no país dos Nibelungos; dedicam-se à mineração de ouro, ao trabalho nas forjas, sendo artesãos.)
Alberich: o anão que forja o anel do poder a partir do Ouro do Reno.
Mime: o irmão maltratado de Alberich que faz o Elmo de Tarn.

OS IMORTAIS

(Deuses e deusas.)
Wotan: o principal e mais poderoso deus teutônico; ele rege por meio de acordos e tratados gravados na sua lança. Tem um olho que vê, usa uma venda no outro e porta a lança. Conhecido como Odin na mitologia escandinava, é um deus celeste equivalente ao deus grego Zeus.

Fricka: esposa de Wotan, deusa do casamento e da fidelidade, irmã de Freya, de Froh e de Donner.

Freya: a deusa da juventude e do amor. Ela cultiva as maçãs de ouro que as divindades devem comer para manter sua jovial imortalidade; irmã de Fricka, de Froh e de Donner. Prometida por Wotan aos gigantes como pagamento pela construção do Valhalla.

Loki: em *O Ouro do Reno*, ele é um embusteiro de pensamento rápido, um semideus que viaja muito e obtém informações; em óperas subsequentes, é o deus do fogo.

Froh: deus dos campos, irmão protetor de Freya, que cria a Ponte do Arco-Íris para o Valhalla.

Donner: deus do trovão e do relâmpago, que ele pode evocar com o seu martelo mágico; irmão protetor de Freya.

Erda: deusa da sabedoria, que reside nas profundezas da Terra; uma mãe-terrena cuja influência precedeu a de Wotan.

GIGANTES

Dois irmãos, os últimos de sua raça de mestres construtores, que constroem o Valhalla.
Fafner: o irmão dominador, que deseja o poder e tem ressentimento dos deuses.
Fasolt: o irmão inocente que espera ser tratado com lealdade.

CAPÍTULO 1

O Ouro do Reno
(Das Rheingold)

A BUSCA DO PODER E SEU CUSTO PSICOLÓGICO

A HISTÓRIA

Três belas ninfas do rio, as donzelas do Reno, saltitam alegremente debaixo d'água. Elas lembram umas às outras, em tom de gracejo, que são as guardiãs do Ouro do Reno. Um anão, Alberich, o Nibelungo, dá com elas e as observa com crescente deleite.

Alberich deseja juntar-se às ninfas, mas é rejeitado. Elas riem da sua aparência, zombando da sua pele negra e da sua feiura. Ele insiste e tenta pegá-las. Elas o desdenham com crueldade. Uma delas o chama de "homem mais querido" e permite que a acaricie. Dizendo-lhe docemente que ele "tem a forma de um sapo", ela então ri dele e se afasta rapidamente. As ninfas do rio são formosas, e Alberich anseia por elas, caçando-as com desespero cada vez maior, enquanto elas fogem do seu alcance gritando alegremente com a inesperada diversão.

Por fim, quase descontrolado por causa da ofensa e da raiva, Alberich fica no fundo do rio e agita os punhos cerrados para as Donzelas do Reno, que nadam estonteantemente acima dele. Nesse exato momento, o sol ilumina o que parece uma formação rochosa, e a água assume uma luz dourada difusa. As Donzelas do Reno reagem a isso com júbilo e se banham nesse fulgor, enquanto a raiva de Alberich se transforma em curiosidade. Fascinado com a fonte do brilho, ele pergunta às ninfas o que é aquilo. Elas lhe dizem que é o Ouro do Reno.

Alberich não se impressiona, dizendo-lhes que o ouro não tem valor "se brilhar enquanto elas brincam é a sua única utilidade". Os comentários depreciativos de Alberich provocam as donzelas: elas dizem, então, que o homem que forjar um anel com o Ouro do Reno vai criar um anel do poder com o qual poderá dominar o mundo. Devido à perseguição amorosa que ele lhes moveu, as Donzelas do Reno cometem o erro de pensar que Alberich não pode cumprir o requisito para a feitura do anel. Julgando-o erroneamente (e sob efeito de sua crueldade em relação a ele), elas revelam o segredo: para forjar o anel do poder, o homem deve renunciar para sempre ao amor.

Alberich não hesita nem por um momento. Ele pega o ouro e declara que, "para forjar o anel da vingança, renuncio ao amor e o amaldiçoo". As trevas descem imediatamente.

WOTAN E O CUSTO DO VALHALLA

A cena muda para as montanhas, onde Wotan e Fricka dormem. Wotan sonha com o Valhalla, um grande salão e fortaleza que vai estabelecer "sua masculinidade, seu poder e sua fama". A distância, as torres de um castelo fortificado brilham ao sol da manhã. Fricka acorda primeiro. Ela fica estarrecida ao ver o castelo e sacode Wotan para acordá-lo. Ele abre o seu olho bom, vê o imponente edifício dos seus sonhos e sente prazer e triunfo. Fricka, em contrapartida, está ansiosa e acha que Wotan também deveria estar.

"Negligente, tenta lembrar-te o preço a ser pago! O castelo está pronto; é hora do pagamento. Recorda-te do que prometeste!", ela lhe diz.

Pela esposa de Wotan, Fricka, ficamos sabendo que este fizera um acordo com dois gigantes, Fafner e Fasolt. Em troca da construção do Valhalla, Wotan lhes prometera a irmã de Fricka, Freya, a deusa do amor, da juventude e da beleza. O jardim de Freya é a fonte das maçãs de ouro que as divindades comem todos os dias; isso mantém os deuses eternamente jovens e imortais. Wotan minimiza o problema, culpando Loki, o embusteiro, por levá-lo a fazer esse acordo, ao mesmo tempo que confia que Loki o livrará dele.

Intitulado "Pai de tudo" na mitologia germânica, Wotan é uma figura alta e forte a quem falta um olho. Ele porta uma imensa lança com a qual governa o mundo. Os tratados e acordos que Wotan firma são gravados em seu cabo. Loki é um semideus que pensa rápido, tendo o dom da fala persuasiva; está sempre viajando, sendo seu paradeiro desconhecido até ele aparecer. No tocante a isso, Loki lembra Hermes, o deus-mensageiro grego. Loki é também o deus do fogo.

Fricka está irritada e ansiosa com o que vai acontecer com Freya. Ela critica Wotan, dizendo: "Nada é sagrado; vós, homens, endureceis o coração quando ansiais pelo poder". Ele retruca: "Tu também não quiseste o grande salão?". Ela responde: "Só porque ele poderia levar-te a ficar em casa".

Quando os gigantes vão receber o pagamento, Wotan mostra-se evasivo. Então eles o recordam de ter-lhes prometido Freya; ele diz que só estava brincando, que ela é "bonita demais para tolos como eles".

Embora de aparência semelhante, Fafner e Fasolt têm personalidades bem diferentes. Fasolt espera ser tratado com lealdade e fica, por um instante, sem fala. Então lembra Wotan de que o acordo foi gravado em runas no cabo de sua lança. Fasolt anseia ter a beleza e o amor de uma mulher abrilhantando a casa simples dos gigantes, enquanto Fafner é motivado por uma invejosa hostilidade. Ele quer Freya para privar os deuses das maçãs de ouro e espera ansiosamente vê-los ficar velhos e fracos.

Afrontado pelos gigantes, que lhe exigem o pagamento, Wotan conta com a chegada de Loki, esperando que ele traga algo que os dois queiram mais do que a Freya. Mas, logo ao chegar, Loki nega ter prometido uma solução, dizendo que apenas se comprometera a pensar no assunto. Ele conta ter percorrido o mundo inteiro e descoberto que "nada tem mais valor do que o amor". Contudo, ouviu das donzelas do Reno a história de um anão chamado Alberich que considera um certo anel mais valioso que o amor.

Trata-se de um anel de ouro cujo poder mágico permite ao seu dono conquistar o mundo. Com ele, Alberich acumulou um tesouro em ouro no País dos Nibelungos, o lar subterrâneo dos anões. Ouvindo falar desse tesouro, Fafner chama Fasolt à parte e o força a aceitar o ouro como pagamento pelo Valhalla. Fafner dá a Wotan e Loki um dia para pegarem o ouro. Enquanto isso, os gigantes levarão Freya como refém; ela nunca será devolvida se o ouro não lhes for entregue até a noite. Quando os gigantes a levam, Freya fica aterrorizada e chora e grita pedindo ajuda.

WOTAN E LOKI VISITAM ALBERICH

Tão logo os gigantes partem com Freya, Wotan e Loki vão ao subsolo procurar Alberich. Este é agora um tirano que fez de todos os nibelungos escravos seus. Ele os obriga impiedosamente a encontrar e extrair ouro, derretê-lo e moldá-lo para ele. Alberich obrigou o irmão Mime, que vive se encolhendo de medo, a fazer o Elmo de Tarn, um adereço de cabeça habilidosamente forjado em ouro. Graças ao anel, Alberich tornou mágico o Elmo de Tarn. Este pode transformar seu portador em qualquer coisa que ele deseje ser ou levá-lo ao lugar que ele quiser. Com ele, Alberich tornou-se invisível, para melhor intimidar, maltratar, vigiar e aterrorizar os outros.

Quando Wotan e Loki se deparam com Mime, este se encontra encolhido no chão se lamuriando. Um enorme exército de trabalhadores nibelungos aparece, tendo à frente Alberich, visível, que os golpeia com um chicote. Ao ver Mime entretido com os dois estranhos, Alberich se aproxima e o golpeia, obrigando-o a juntar-se aos outros.

Os dois deuses entabulam conversa com um Alberich desconfiado e preocupado. Ele se gaba de poder transformar-se em qualquer coisa com o Elmo de Tarn. Loki, o eterno embusteiro, diz duvidar dele, desafiando-o a uma demonstração. Alberich põe o Elmo de Tarn, diz "serpente gigante sinuosa e enrodilhada" e desaparece em meio a uma nuvem. Surge em seu lugar uma enorme cobra. Wotan ri e Loki finge ter medo.

Ao reaparecer, Alberich mostra-se todo cheio de si. Loki confessa estar muito impressionado e pergunta se ele também pode ficar pequeno e bem frágil. Acrescenta: "Mas talvez isso seja muito difícil". Alberich morde a isca e se exibe. Pegando o Elmo de Tarn, diz "sapo arrepiante, cinza e deformado", e desaparece. Surge então um sapo, que Wotan e Loki capturam de pronto. Loki pega o Elmo de Tarn, e Alberich torna-se visível, de volta à sua forma. Quando tenta fugir, Wotan o derruba e Loki o amarra.

O ANEL É AMALDIÇOADO

Wotan e Loki retornam do País dos Nibelungos trazendo Alberich prisioneiro. Wotan promete libertá-lo em troca do tesouro de ouro. Alberich concorda prontamente e acredita estar levando vantagem; como tem o anel, julga poder forçar os anões a conseguir mais ouro. A uma ordem sua, os nibelungos trazem depressa o ouro, e o amontoam. Depois que todo o ouro está empilhado, Loki inclui o Elmo de Tarn no saque. No início, Alberich explode de raiva, mas depois se acalma por saber que pode usar o anel para obrigar Mime a fazer outro Elmo de Tarn.

Julgando estar o resgate completo, Alberich espera ser libertado; em vez disso, ouve Wotan dizer: "Um anel de ouro aparece em teu dedo. Para obteres a liberdade, ele também deve ficar conosco". Alberich fica paralisado diante dessa exigência. Ele recusa, dizendo: "A minha vida, mas não o anel!". Wotan, entretanto, tira-lhe o anel do dedo e o coloca no próprio. Depois disso, Loki desamarra Alberich, que espuma de raiva contra os deuses e amaldiçoa amargamente o anel:

> *Através do anel vem o poder ilimitado.*
> *Agora, que quem o possuir encontre a morte.*
> *Que ninguém se alegre por ter o anel, nem tenha paz de espírito*
> *A preocupação vai consumir quem o possuir. O medo será o pão que ele vai comer. Enquanto a inveja vai se apossar de quem gostaria de tê-lo.*
> *Cobiçando o anel, ninguém encontrará proveito nem deleite.*

Alberich parte. Enquanto isso, chegam os gigantes com Freya para receber o pagamento. Fricka e outros deuses se unem a Wotan e Loki. Quando veem Freya, sentem sua alegria e juventude retornar. Os gigantes colocam Freya entre duas estacas, uma de cada lado; isso vai servir de medida para o ouro que eles exigem. Enquanto os deuses empilham o ouro, Fafner os pressiona, exigindo que o que falta seja preenchido. Todo o ouro é usado, mas ainda aparece parte dos cabelos de Freya, e então Loki acrescenta o Elmo de Tarn. Fasolt aproxima-se do tesouro e vê um dos olhos de Freya por uma fenda. Fafner exige que essa fissura seja preenchida com o anel de ouro que está no dedo de Wotan.

Wotan recusa. Fasolt segura Freya, e diz que vai ficar com ela para sempre. Freya grita por ajuda. Quando os deuses pedem a Wotan para que entregue o anel, ele se volta para eles irritado e diz: "Deixai-me! O anel fica comigo!".

Nesse momento crucial, a cena escurece, e surge uma luz azulada quando Erda, a deusa da Terra, aparece de repente do solo montanhoso, estende a mão em alerta para Wotan e lhe diz para "entregar o anel amaldiçoado!". Afirmando que "a desgraça, a maldição e o desastre" o acompanham, ela insiste que Wotan deve ouvi-la.

Depois que Erda diz a Wotan que "todas as coisas que existem perecem. Dias de luto nascem para os deuses", mergulha outra vez na Terra. Wotan tenta sem sucesso retê-la, pedindo: "Espera, deixa-me ouvir mais palavras sábias!". A visita de Erda mergulha Wotan em profundos pensamentos, dos quais emerge para entregar o anel aos gigantes. Freya, afinal, está livre; o ouro pagou por Valhalla.

Fafner, cobiçosamente, coloca a maior parte do ouro em sua sacola. Fasolt objeta e insiste numa divisão equitativa. Fafner não aceita. Eles lutam pelo anel, e Fasolt consegue ficar de posse dele, mas só por um momento. Fafner golpeia Fasolt com o bastão, tira o anel das mãos moribundas do irmão, coloca-o na sacola e continua a pegar o ouro. Wotan observa, horrorizado com a rapidez com a qual a maldição posta por Alberich no anel se cumpriu.

Fricka lembra Wotan de que ele já pode ocupar o reluzente castelo fortificado, mas o deus não demonstra nenhuma alegria. Sombriamente, ele se dá conta: "Um terrível preço pago por aquele salão!".

O Ouro do Reno termina com Wotan e Fricka conduzindo os outros deuses pela Ponte do Arco-Íris até o Valhalla, que se perde a distância. Enquanto cruzam a ponte, os deuses ouvem as Donzelas do Reno lamentando o ouro perdido.

A BUSCA DO PODER E SEU CUSTO PSICOLÓGICO

O anel dos nibelungos é forjado, disputado e amaldiçoado em *O Ouro do Reno*. Como símbolo – ou anel do poder –, ele representa a "coisa mágica" por cuja posse podemos ficar obcecados a ponto de ser dominados por ela. Essa coisa pode ser a riqueza, a fama, o poder sobre os outros, a segurança, a posição social, o conhecimento, o sexo ou uma substância capaz de criar dependência. Tudo se torna um "anel do poder" se terminamos dispostos a sacrificar todas as outras coisas em nós e todas as pessoas da nossa vida para obtê-lo. Tudo o que tenha uma força tão grande sobre nós e exija um preço tão alto tem, de fato, uma "maldição" sobre si.

O CICLO COMEÇA: ALBERICH E O PODER

Alberich renuncia ao amor para forjar o anel do poder. Para ele, é o "anel da vingança". Ele busca o poder depois de desistir de receber amor e aceitação, algo que de início considera, inocentemente, disponível, tentando desesperada e futilmente consegui-lo, apenas para ser ridicularizado por tentar. Para o "Alberich" que há em nós, ter poder sobre os outros é um esforço por compensar os maus-tratos, a rejeição e a humilhação, e por retaliar o fato de termos passado por isso. Trata-se de uma parte da psicologia das pessoas que "se identificam com o agressor": a criança que quer amor mas recebe, em vez disso, maus-tratos torna-se um adulto que maltrata.

A rejeição e a exclusão são experiências comuns na infância ou na adolescência, deixando feridas emocionais. Elas fazem a pessoa sentir-se impotente e indigna de amor. A crueldade da hora do recreio com frequência deixa marcas muito mais profundas porque a criança que é ridicularizada, rejeitada, negligenciada ou maltratada em casa, que faz parte de um grupo minoritário alvo de preconceitos ou que é, de alguma maneira, fisicamente inaceitável – por ser muito pequena, muito gorda ou de "aparência engraçada" – tem suscetibilidade maior de tornar-se o bode expiatório ou a excluída.

Crianças rejeitadas sentem que há nelas alguma coisa errada ou feia; elas têm semelhança com Alberich, o nibelungo, que era "demasiado escuro e feio" para brincar com as pessoas bonitas. Essas crianças podem vir a ser adultos bem-sucedidos aos olhos dos outros, mas ainda se sentir nibelungos – pequenos, gordos ou insignificantes descartáveis – por sob a imagem de poder e sofisticação que os outros veem. Por exemplo, Gloria Steinem, em *Revolution From Within*, descreve o que sentiu ao se ver na televisão: ela ficou chocada diante da diferença entre a sua autoimagem interior de "morena exuberante de Toledo, muito alta e de rosto muito redondo, com uma voz que parecia constantemente à beira de alguma emoção inaceitável" e "aquela mulher magra, simpática e aloirada de altura média que parecia confiante, e até *blasée*".

Quando, na adolescência ou no começo da idade adulta, a rejeição e o ridículo vêm do sexo oposto, a ferida atinge a sensação de ser atraente ou interessante como pessoa sexuada. Quer se trate de uma metáfora da vida social ou tenha o sentido mais profundo que equipara a água com as emoções e os sentimentos, Alberich não estava no seu elemento no reino subaquático do Reno. Ele não sabia como se comportar; estava demasiado ansioso e carente. Seu modo de agir e sua experiência eram semelhantes aos do homem socialmente inepto que deseja uma namorada e aborda não sei quantas mulheres num ambiente social no qual é seduzido e depois vê os seus esforços amorosos serem objeto de zombaria. Quando isso acontece, ele fica cheio de raiva e humilhação; um dia, quando estiver numa posição de domínio, poderá se vingar das mulheres por ter sido tratado dessa maneira.

Quando por fim se torna capaz de negar seu desejo de aceitação e de amor, uma criança maltratada, um adolescente rejeitado ou um homem humilhado pode se tornar um "Alberich", uma pessoa obsedada pelo poder que maltrata sistematicamente os outros. Ele só consegue se sentir relativamente seguro quando numa posição que lhe permita dominar ou humilhar os outros, o que lhe confere um falso e frágil sentido de superioridade. A falta de valor próprio e as experiências de desvalorização, rejeição ou maus-tratos na infância, associadas a um desejo de vingança, tornam as pessoas propensas a ficar parecidas com Alberich.

Embora "Alberich" possa não dominar a nossa personalidade, há "nibelungos" em todos nós. Cada pessoa tem qualidades que foram rejeitadas por alguém que era importante para ela, alguém cujo amor ela queria. Qualquer coisa rejeitada pelos outros, em especial quando somos crianças, tem probabilidade de vir a ser inaceitável e vergonhosa também para nós; por isso, nós a reprimimos, enviando-a para o "subsolo", o que significa que ela ficará não desenvolvida e distorcida – semelhante a um anão. Seja o que for, isso vai continuar a existir na nossa psique, podendo exercer uma considerável influência oculta. Por exemplo, nas famílias desagregadas, a criança pode ser punida por causa de sua sexualidade, curiosidade, independência, dependência, agressão, afeição ou por suas percepções honestas, e, como resultado disso, sentir-se envergonhada ou temerosa por ter esses sentimentos ou instintos, que continuam a existir, mas de forma distorcida, projetada ou não desenvolvida.

Uma vez de posse do anel do poder, Alberich se transforma num tirano implacável que escraviza todos os anões. Maltratado e movido pela sua obsessão de poder, ele faz os nibelungos trabalharem noite e dia para acumular seu tesouro de ouro, com o qual pretende estender sua influência até dominar o mundo. Tal como Mime, os nibelungos tremem de medo de Alberich e fazem o que ele quer.

Mime é o habilidoso artesão que fez o Elmo de Tarn, um trabalho delicadamente cinzelado. A habilidade de Mime e dos outros nibelungos é explorada, valorizada apenas na medida em que confere mais poder a Alberich. Assim que Alberich domina os nibelungos, deixa de haver tempo para os prazeres simples e a vida tranquila que os anões tinham antes. Mais ou menos do mesmo modo, a Revolução Industrial mudou a vida das pessoas. Trabalhadores que antes viviam em vilarejos e fazendas passaram a ficar longas horas em fábricas e minas de carvão, em condições miseráveis e inseguras.

Quando penso em Alberich e nos nibelungos como experiência interior, lembro-me da sombria vida interior de um fanático por trabalho, que não consegue relaxar, divertir-se nem fruir a companhia de amigos ou da família. Impelido pela necessidade de ser produtivo o tempo todo, ele não encontra prazer no trabalho que o consome e pode punir e criticar quaisquer impulsos interiores para agir de outra maneira; um feitor interior o mantém trabalhando.

Os nibelungos são movidos pela obsessão de Alberich por ouro, o mesmo ocorrendo com o próprio Alberich. Seu desejo de poder o tornou avarento, incapaz de se concentrar em qualquer coisa que não seja obter mais ouro, com o qual espera conseguir mais poder. O trabalho de acumulação de riqueza impede Alberich de ter os terríveis sentimentos vinculados com a sua convicção de ser feio e de não merecer amor, do mesmo modo como os apegos, vícios e obsessões nos impedem de sentir a dor da infância e o vazio da idade adulta.

Alberich e Mime podem ser duas faces da mesma moeda: um Alberich, que maltrata uma pessoa mais fraca, normalmente se torna um Mime quando alguém mais forte tem poder sobre ele. As pessoas que foram maltratadas e rejeitadas terminam como Alberich se forem movidas pela vingança e tiverem o poder de jogar sua raiva e ódio a si mesmas sobre alguém mais fraco e menos poderoso. O mais frequente, em especial se tiverem sido levadas a se sentir inferiores, é que as pessoas maltratadas se tornem iguais a Mime e aos outros nibelungos: obedientes e temerosas diante da autoridade e ressentidas por dentro.

A SEDUÇÃO DO PODER: WOTAN

Wotan é o deus principal e mais poderoso. Ele personifica o arquétipo do rei e do deus celeste. Caracteristicamente, tem importância para Wotan ver feita a sua vontade – no caso, que os gigantes construam o Valhalla tal como ele o concebe. Wotan é um arquétipo da busca e do estabelecimento do poder, favorecido pela capacidade de empreender ações decisivas, formular estratégias, firmar alianças e manter distância emocional. O atrativo e a sedução do poder são mais fortes quando Wotan é uma força arquetípica dominante na psique e na cultura.

Wotan monta seu cavalo em meio a nuvens trovejantes, portando uma lança. Gravados no cabo da lança estão contratos e acordos que obrigam Wotan e outros. A vontade de Wotan tem a restrição da lei, um princípio por ele estabelecido.

O desejo de Wotan pelo Valhalla como monumento a si mesmo o faz entrar em conflito com esse princípio. Ele, que estabeleceu a ordem mediante acordos que devem ser cumpridos, faz um contato com os gigantes de má-fé ao prometer-lhes Freya em troca da construção do Valhalla. Uma vez alcançado o poder, os monumentos parecem ser o próximo passo. Os Wotans contemporâneos são titãs dos negócios que constroem imponentes prédios batizados com o seu nome. Quer erigidos na montanha mais alta ou destinados a ser a estrutura mais elevada, eles promovem a inacessibilidade e o isolamento no topo. Tal como o Valhalla, que Wotan concebeu como uma fortaleza bem guardada, essas estruturas surgem para fornecer segurança e aumentar o prestígio. Quando um homem desconsidera os custos de aquisição que podem levá-lo à falência psicológica ou financeira, ele está obsedado.

O PREÇO DO PODER: FREYA

Freya é a deusa do amor, da juventude e da beleza, qualidades que caminham juntas. O amor é uma qualidade eterna, que nos renova a cada dia, mantendo-nos emocionalmente jovens. A beleza está nos olhos de quem a vê – vistos pelas lentes do amor, tudo e todos que contemplamos são belos. Com um coração que ama e um olho capaz de ver a beleza, valorizamos o que temos e nos sentimos gratos; desse modo, conservamos, mesmo na velhice, um infantil sentido de maravilhamento e de espanto diante dos mistérios que nos cercam. Tendo amor, embora envelheçamos cronologicamente, mantemo-nos jovens. Sem amor, podemos passar a ser preocupados e cínicos, voltados obsessivamente para a segurança, desconfiados e paranoides à medida que envelhecemos. Quando renunciou ao amor a fim de ter poder, Alberich desistiu também da inocência jovial e da atração pela beleza.

O acordo de Wotan de dar Freya aos gigantes como pagamento reverbera em outros mitos patriarcais. Em termos simbólicos, é o mesmo preço que Agamênon estava disposto a pagar na *Ilíada:* em troca dos ventos que levassem a frota grega por ele comandada a Troia, Agamênon dispunha-se a sacrificar sua filha, Ifigênia. Isso também nos lembra o acordo de Zeus para permitir que Hades raptasse sua filha Perséfone e a levasse ao mundo inferior. Para manter ou conseguir poder e prestígio, figuras masculinas como Wotan fazem, nos mitos e contos de fadas, escolhas simbólicas paralelas a decisões da vida real tomadas por homens (e, cada vez mais, por mulheres) que exigem o sacrifício do seu vínculo com valores femininos e laços familiares, bem como a desistência da inocência e da confiança.

A troca de Freya pelo Valhalla é também metáfora de uma opção interior que muitos homens fazem. Eles abandonam uma atitude jovial e uma abertura à vida, ao amor e à beleza. Em troca, adquirem uma atitude cínica que consideram realista. Constroem monumentos a si mesmos, preocupam-se com a segurança e assumem um ponto de vista rígido e conservador. À medida que envelhecem, muitos homens voltados para o poder ficam ainda mais obcecados com a posse do controle que o poder propicia. Isso ocorre em especial se, sob a fachada de um poderoso Wotan, houver um "nibelungo", uma criança rejeitada que cresceu sentindo-se incapaz e indigna de amor, presa de um medo terrível de tornar-se vulnerável.

A RACIONALIZAÇÃO: LOKI COMO EMBUSTEIRO

Wotan diz ter feito o acordo com os gigantes por ter dado ouvidos a Loki. Este é uma versão germânica do deus-mensageiro. Tal como Hermes e Mercúrio, ele é um embusteiro e viajante dotado de rapidez de movimentos, agilidade mental e fácil domínio da palavra característicos desses deuses.

Loki é também uma predisposição arquetípica para pensar em abundantes possibilidades, para supor que nada é fixo. Ele antes visita do que se estabelece. Em suas andanças, ouve e vê muitos modos diferentes de ser, comunica-se com outras pessoas e troca informações. Como embusteiro, consegue ver suscetibilidades nos outros e explorá-las.

Em termos psicológicos, o acordo foi feito porque Wotan se acha com o direito de ter o que quer ou precisa e espera que Loki encontre uma saída para eventuais problemas ulteriores. Ele não acredita ter de pagar nem pretende entregar Freya aos gigantes. O que ouvimos é conhecido; trata-se da justificação, da racionalização e da negação de um viciado em crédito diante de uma grande dívida, bem como de uma expectativa bastante comum que muitos homens de negócios alimentam com relação aos seus advogados. É provável que todos conheçamos pessoas que, irrealisticamente, creem não haver um dia de acerto de contas até se verem na situação de Wotan, tendo de encarar as consequências.

A VOZ DA REALIDADE, DA LEALDADE E DO ALERTA: FRICKA

Fricka é a esposa de Wotan e a voz da realidade, da lealdade e do alerta. Ela lhe conta a verdade da situação, algo que ele não quer ouvir. Fica aflita com o custo daquilo que ele fez, algo que ele conseguiu pôr de lado para não ter de pensar. Ela se preocupa com Freya e com o efeito da perda desta sobre os deuses.

Sem as maçãs de Freya, eles perderão sua imortalidade e a raça divina desaparecerá. Wotan não quer ouvir o que Fricka tem a dizer. Quando persiste, ela aparece como uma resmungona. O papel de Fricka é o do lado desprezado de Wotan. Seus valores se põem no caminho do que ele está fazendo. Como figura interior, "Fricka" pode pôr-se no caminho de um "Wotan" ambicioso. No entanto, se os dois forem controlados pela pessoa em que esses arquétipos competem, a ambição será compensada por uma consideração pelo custo humano.

Em casamentos tradicionais, cada cônjuge desiste de um lado potencial de si mesmo para criar um todo com o outro. O marido vai para o mundo, sendo suas realizações e sucessos alcançados pelos dois, enquanto a esposa cuida pelos dois da função de relacionamento, podendo até receber dele referências como o seu "lado melhor". Ela ocupa o lugar da sua Anima, como sua metade feminina encarregada dos relacionamentos; ela intercede em nome dele junto aos filhos, mantém amizades pelo casal e lhe diz como ele está se sentindo. Por essas razões, ele não desenvolve a capacidade de ser emocionalmente perceptivo, assim como ela não desenvolve capacidades necessárias para o sucesso no mundo quando é ele que o faz pelos dois.

Fricka critica Wotan por querer construir o Valhalla. Entretanto, ele observa que antes ela concordara com ele, dizendo que ela também quisera a casa grande. Fricka responde, tristemente, que só o fizera por alimentar a esperança de que isso o manteria em casa. Fricka reconhece sua cumplicidade precedente. O padrão de ora deixar passar o custo potencial ora se alarmar com ele determina a ação dos codependentes diante das pessoas obcecadas, à medida que estas alternam a negação e a realidade.

As obsessões e os apegos nos influenciam a "ouvir Loki", a desconsiderar o princípio de acordos de boa-fé de Wotan e a evitar a voz da realidade, da lealdade e do alerta de Fricka. Embora possamos vê-lo prontamente nos viciados em álcool ou drogas, nos jogadores compulsivos ou nos viciados em compras, é mais difícil fazê-lo quando o vício é o poder, porque a aquisição deste é tida como desejável, como uma medida do sucesso, uma justa recompensa da ambição, dos bons investimentos e do trabalho duro. O atrativo e a sedução do poder são enormes.

Wotan é um exemplo espantoso do grau até o qual a mitologia é um reflexo dos nossos próprios valores psicológicos e culturais profundos. Seja germânica, grega ou americana contemporânea, a história de Wotan é instrutiva, desde que a cultura seja patriarcal. Wotan reflete a psicologia de homens que buscam o poder e a posição e se esforçam por alcançar uma superioridade que lhes permita exigir obediência de outros. Alcançando sucesso, eles nem por isso se satisfazem. Num exame mais atento, eles sequer se sentem seguros; por isso, vemo-los buscando mais um símbolo de sua posição superior ou mais uma fonte de poder.

Há um vínculo entre Alberich e Wotan, vínculo que este mais tarde reconhece (em *Siegfried*) ao referir-se a si mesmo como "Alberich Luminoso". Alberich renuncia de uma vez por todas ao amor, em favor do poder, a fim de forjar o anel. O acordo original de Wotan com os gigantes, de trocar Freya e suas maçãs de ouro pelo Valhalla, teria tido um resultado semelhante.

Wotan pensou que era possível possuir seu símbolo particular do poder sem pagar o preço; Alberich não tinha essas ilusões – ou esperanças.

A GANÂNCIA E O ANEL DO PODER: FAFNER

Fasolt e Fafner, os empreiteiros que constroem o Valhalla, são os últimos gigantes. Com sua extinção, desaparecerão as habilidades e o conhecimento da construção. Fafner cobiça todo o tesouro de ouro de que o anel é parte, e mata seu irmão Fasolt por isso, acrescentando o anel ao pagamento. Depois disso, ele fica isolado e obcecado com a proteção do seu tesouro. Ele não volta a fazer um trabalho criativo e jamais tem companhia. Depois de assassinar seu único relacionamento importante, Fafner torna-se um recluso e um miserável cujo único objetivo na vida é guardar seu tesouro.

Simbolicamente, irmãos podem representar duas tendências rivais presentes numa mesma pessoa: a morte do irmão mais delicado, que acredita em justiça e deseja a beleza feminina, por parte do irmão motivado pela inveja e pela cobiça significa que estes últimos motivos tomaram conta da personalidade. Quando isso acontece, é destruída a possibilidade de ter companhia, de ter amor ou de ter um trabalho que traga realização.

O PODER SEXUAL ILUSÓRIO: AS DONZELAS DO RENO

As Donzelas do Reno assemelham-se a atraentes sereias, meio humanas meio peixes. Como símbolos, podem representar mulheres que agem instintiva e inconscientemente, o que lhes dá poder sobre os homens. Podem também ser imagens interiores – figuras de Anima – em homens que as projetam de modo indiscriminado nas mulheres que perseguem, passando promiscuamente de uma para outra.

Uma mulher. "Donzela do Reno" exibe uma combinação de qualidades humanas atraentes e frias qualidades inumanas. Ela pode mostrar-se ardente e parecer ter água gelada nas veias, visto responder de maneira inconsciente, instintiva e impessoal para atrair um homem a si, mas sem nada sentir de fato por ele – a revelação disso, quando ele supõe que ela tem sentimentos por ele, mas é rejeitado, vem como um choque. Quando ela é uma figura maternal para uma criança, isso se torna ainda mais devastador e perturbador. Quando ela é o aspecto feminino de um homem, a atenção e a aparente intimidade desta são sedutoras, bem como falsas.

Uma Donzela do Reno é igual a uma mulher atraente que desencadeia emoções que giram em torno de si mesma e não se sente responsável pelo efeito que causa. Ela também não tem compaixão do amor não correspondido, das feridas, da dor e das atitudes patéticas ou desesperadas que possa inspirar. Ser de outra maneira exige empatia e compreensão, algo que ela não desenvolveu. Um homem que desenvolveu essas qualidades em geral reconhece a frieza dela e não se sente atraído.

Para que uma "Donzela do Reno" seja a mulher dos seus sonhos, o homem tem de ser tão inconsciente quanto ela: ela é uma mulher que lembra sua própria Anima ou feminino interior não desenvolvido. Ele, por sua vez, tal como Alberich, pode sentir forte atração por uma mulher, depois por outra e por mais outra. Quando isso acontece, toda vez que confunde uma mulher com a sua Anima, ele se apaixona outra vez, sempre perseguindo uma imagem. A caça pode tornar-se uma obsessão em busca de uma ilusão.

Não tendo um relacionamento interior coerente com o feminino que há dentro de si, um homem que projeta sua Anima numa série de mulheres é inconstante em seus vínculos e disposições emocionais. Por exemplo, um homem que costuma ser lógico e retraído pode ficar abobado ou sentimental, tornar-se presa fácil ou ser ferido quando tem uma certa disposição amorosa; quando essa disposição (ou influência da Anima) passa, passam também esses sentimentos e essa sensibilidade.

De acordo com o que C. G. Jung descreveu, uma das funções da Anima como figura interior é servir de mediadora entre o ego do homem e o inconsciente coletivo. Por meio dessa parte feminina da sua própria psique, ele pode ser levado a profundidades emocionais em que "o Ouro do Reno" como metáfora do *Self* – uma fonte arquetípica de júbilo, de numinosidade, de sentido – pode ser encontrado. Alberich só tem condições de ver o Ouro do Reno porque é atraído pelas Donzelas do Reno e entra no seu reino erótico e mágico. Nesse sentido, elas lhe servem de guias, da mesma maneira como apaixonar-se por uma mulher em quem a Anima é projetada pode levar um homem que até então viveu na superfície às profundezas – que tanto podem ser destrutivas para a personalidade, caso ele fique obcecado pelo amor ou pelo ciúme, como podem expandi-la e torná-la mais profunda.

O OURO DO RENO: O *SELF*

O ouro puro – o Ouro do Reno – no domínio do sentimento é impessoal, belo, intenso, misterioso, tal como a pureza do amor, que só pode ser conscientemente contemplada por um místico em estado de bem-aventurança. Assim como o Ouro do Reno no seu estado original, esse ouro natural está oculto nas nossas profundezas. Ele é uma fonte interior de sentido ou de numinosidade que nos enche de júbilo quando quer que sintamos ou vislumbremos a sua presença – o que ocorre de raro em raro. Contudo, ele está além do nosso alcance consciente, sendo um símbolo do arquétipo do *Self* descrito por Jung. Uma experiência do *Self* é inefável, traduzindo-se como uma ligação com alguma coisa maior do que nós.

Dar ao Ouro do Reno a forma de um instrumento de poder passível de ser usado para subjugar os outros equivale a recorrer a essa fonte interior de divindade e corrompê-la. Os líderes carismáticos e demoníacos fazem isso, e seus seguidores se tornam escravos da obsessão do líder pelo poder e pela riqueza. O reverendo James Jones, cujos discípulos o seguiram até a morte em Jonestown, era um deles, tal como o foi Hitler, que tinha uma terrível aura fascinante no auge do seu poder.

A MALDIÇÃO DO ANEL

Na cena final, Wotan e Loki trazem Alberich das profundezas subterrâneas, da mesma maneira como podemos trazer alguma coisa da psique para a mente consciente, mantendo-a cativa até podermos encarar aquilo que ela representa. Alberich é uma representação da sombra, um símbolo do potencial de renunciar ao amor em prol do poder, bem como das tendências sádicas e vingativas que muitas vezes se ocultam no inconsciente. Alberich é, em particular, a sombra de Wotan.

A sedução do poder avassala Wotan momentaneamente quando ele tira o anel de Alberich e o coloca no dedo. O anel o seduz, e ele se recusa a entregá-lo. Freya e tudo o que representa são mais uma vez caracterizados como o preço da manutenção do anel. O anel é uma armadilha, evitada pelo aparecimento inesperado de Erda. Ela adverte Wotan que a desgraça, a maldição e o desastre residem no anel, dizendo-lhe que o entregue; e ele o faz.

Wotan segue Erda e está determinado a aprender mais com ela. Erda é a deusa terrena da sabedoria, uma figura misteriosa que sai da Terra, da pedra e fala a Wotan sobre o que ele deve fazer no presente e sobre o que ela vê no futuro. Erda deixa Wotan intrigado. Ele deseja conhecê-la e adquirir sabedoria, e tenta sem sucesso impedi-la de mergulhar de volta na Terra. O encontro com ela é crucial para o seu desenvolvimento. Depois que ela aparece – ou emerge na consciência e é seguida –, Wotan se torna um personagem mais complexo.

A maldição que Alberich coloca no anel se manifesta sempre que adquirir o poder em alguma de suas formas se torna uma obsessão: nunca há bastante, nem há paz de espírito.

OBSESSÃO PELO PODER E POLÍTICA: ADOLF HITLER, SADDAM HUSSEIN, JOSEPH P. KENNEDY

À medida que me familiarizei com *O Anel dos Nibelungos*, a psiquiatra que há em mim ficou intrigada com o conhecimento de que Hitler tinha fascínio pelo ciclo do *Anel* e de que ele se identificava de alguma maneira com o ciclo. Eu sabia que Hitler era um grande promotor do ciclo, que insistia para que os oficiais da SS assistissem a ele e exigia que os escolares fossem expostos a essas óperas – coisas que me fizeram não gostar muito de Wagner nem do *Anel*. Eu supunha que o ciclo exaltava os objetivos nazistas e refletia os sonhos de triunfo de Hitler, e fiquei surpresa ao ver que, contrariando isso, o Valhalla e Wotan são consumidos pelas chamas no último ato de *O Crepúsculo dos Deuses*, refletindo o destino do Terceiro Reich e o próprio fim de Hitler; seus restos queimados foram encontrados numa casamata destruída pelo fogo.

Há indícios de que Hitler se identificava com Wotan. Por exemplo, dizia-se que quando viajava incógnito, Hitler assumia o nome de "Sr. Lobo", que é também um dos nomes usados por Wotan. Em *A Valquíria*, Wotan e seu filho Siegmund caçavam juntos como "Lobo" e "Filhote de Lobo".

Poderia Hitler ter preferido o ciclo do *Anel* precisamente por ser a sua própria história? Os psicólogos sabem que, quando se pergunta o nome do conto de fadas favorito das pessoas, elas com frequência escolhem, sem se dar conta, a história que é uma metáfora da sua própria vida. Embora seja provável que

Hitler visse a si mesmo como Wotan, ele se enquadraria de modo muito mais preciso no papel do desprezado e rejeitado Alberich, o nibelungo, que forjou um anel de vingança e tentou dirigir o mundo. Alice Miller, em *For Your Own Good: Hidden Cruelty in Child-Rearing and the Roots of Violence*, descreve Hitler como um filho ilegítimo maltratado e sadicamente humilhado que, quando adulto, foi capaz de fazer milhares de pessoas sofrerem com seu impulso obsessivo de busca do poder.

Saddam Hussein é um tirano contemporâneo que foi aterrorizado e maltratado quando criança e que também se tornou, quando adulto, um Alberich com poder sobre os outros. Tão logo forjou o anel, Alberich obrigou impiedosamente o seu povo, os anões nibelungos, a conseguir mais ouro para ele; no Iraque e em sua invasão do Kuwait, Saddam fez o mesmo em sua busca de mais petróleo ou "ouro negro". Criado por um padrasto fanático, cuja disciplina severa e cujo ódio o moldaram (tal como ocorreu, como vamos saber, na criação de Hagan por Alberich, seu pai), Saddam Hussein – assim como inúmeras outras pessoas no Oriente Médio – cresceu procurando o poder para se vingar.

Joseph P. Kennedy, ex-embaixador dos Estados Unidos na Inglaterra, um homem que fundou uma dinastia para realizar sua ambição de poder, também pode ser considerado uma combinação de Wotan e Alberich. Ferido pela rejeição social por ser um imigrante irlandês, ele estava motivado a adquirir o poder a fim de vingar-se de sua humilhação. Para Kennedy, a presidência dos Estados Unidos era o "anel do poder". Seus filhos Joseph Jr., John e Robert se esforçaram para conseguir concretizar sua obsessão da mesma maneira que, como veremos nas óperas subsequentes, os filhos de Wotan e os de Alberich foram concebidos como meios de obter a posse do anel do poder para os pais.

A busca do poder não é instilada apenas em homens que procuram vingar-se ou vingar as humilhações ou ambições do pai. O poder é a coisa mais valiosa nos sistemas patriarcais de todo gênero; e, quando o poder importa mais que o amor, há terríveis consequências – que é o que *O Anel dos Nibelungos* nos diz.

BRUNNHILDE implora a Wotan que reconsidere a sua decisão. Quando o poder, e não o amor, é o princípio dominante, um relacionamento é descartado ao deixar de ter utilidade, e desobedecer à autoridade pode trazer severa punição. Para responder com compaixão, deve-se seguir valores femininos.

PERSONAGENS

OS MORTAIS

Siegmund: filho de Wotan com uma mulher mortal de nome não revelado; irmão gêmeo de Sieglinde.

Sieglinde: irmã gêmea de Siegmund que se torna sua amante.

Hunding: marido de Sieglinde.

OS IMORTAIS

Wotan: deus principal; pai de Siegmund e de Sieglinde (os Walsungs), bem como de Brunnhilde.

Fricka: deusa do casamento; esposa de Wotan.

Brunnhilde: "a Valquíria"; filha de Wotan e de Erda, é uma das nove Valquírias.

Valquírias: nove virgens guerreiras imortais, filhas de Wotan, que montam cavalos mágicos em meio às nuvens tempestuosas da guerra e levam para o Valhalla os heróis mortos que tombam em batalha. São elas: Waltraute, Gerhilde, Ortlinde, Schwertleite, Welmwige, Siegrune, Grimgerde, Rossweise e Brunnhilde.

CAPÍTULO 2

A Valquíria (*Die Walküre*)

O PAI AUTORITÁRIO E A FAMÍLIA DEFICIENTE

A HISTÓRIA

Um homem exausto procura abrigar-se de uma fortíssima tempestade numa casa. Ele não encontra ninguém e cai ao lado do fogo num cômodo incomum construído em torno do tronco de um imenso freixo que se eleva acima do teto. Sieglinde, a mulher da casa, ouve sua chegada. Pensando ser o marido, Hunding, que retorna, ela entra no cômodo e se surpreende ao ver um estranho deitado ao lado do fogo. É Siegmund, que desperta, abre os olhos e olha para ela. Quando os seus olhares se encontram, os dois sentem forte atração um pelo outro.

Recuperado, e ouvindo que ela espera a volta do marido para breve, Siegmund vai até a porta e levanta o trinco para partir, explicando que deve ir porque "o infortúnio segue os meus passos", infortúnio que ele não deseja trazer a ela.

Sieglinde insiste que ele fique, dizendo-lhe que o infortúnio há muito a acompanha.

Quando Hunding retorna, os três se sentam para jantar. Hunding fica estupefato com a semelhança entre os dois, observando que ambos têm também um brilho incomum nos olhos. Quando lhe perguntam quem é, Siegmund diz que o seu nome é "Infeliz", e explica que tem esse nome devido à sua desgraça: um dia, quando era jovem, ele e Lobo, seu pai, voltaram da caça e encontraram a casa destruída pelas chamas, a mãe morta e a irmã gêmea desaparecida. Ele e o pai foram então viver na floresta, caçando juntos, como Lobo e Filhote de Lobo, até que um dia os agressores voltaram. O pai e o filho lutaram bem e fugiram. Na fuga, acabaram se separando. Quando ele procurou o pai, encontrou somente a pele de lobo que aquele usara. Desde então, todos os esforços feitos por ele para estar com as pessoas encontraram a rejeição. Tudo o que ele pensa ser certo os outros consideram errado; o que lhe parece ruim os outros acham bom. Por isso, ele sempre foi "Infeliz", e a tristeza tem sido o seu destino.

Há pouco, ele prestara ajuda a uma mulher que estava sendo obrigada pelos irmãos a casar com um homem que ela temia. Ouvindo seus gritos, Siegmund interviera e fora atacado por eles. Ele matara todos os irmãos da mulher, e ela fora tomada pelo pesar. Então os parentes dos seus irmãos foram lutar. Siegmund a protegeu com a sua espada e o seu escudo até que estes partissem e ela fosse morta. Depois disso, ele fugiu.

Hunding mostra-se perturbado com a história e diz que os homens mortos por Siegmund eram seus parentes. Embora vá honrar o dever de hospitalidade para com Filhote de Lobo naquela noite, Hunding o alerta de que o melhor a fazer é ele conseguir algumas armas, porque pela manhã os dois vão lutar. Hunding ordena a Sieglinde que prepare sua bebida e vá para o quarto de dormir.

Siegmund está sozinho, desarmado na casa do inimigo, com o coração voltado para aquela bela mulher. Ele se lembra de que o pai lhe prometera uma espada numa hora de necessidade e exclama: "Walse! Walse! Onde está a tua espada, a tua espada reluzente que pode me salvar?". No mesmo instante, um lugar do freixo para o qual Sieglinde dirigira em silêncio os olhos antes de deixar o cômodo emite um brilho faiscante.

Mais tarde, depois que o fogo se apagou, Sieglinde vai ao encontro de Siegmund. Ela drogara a bebida de Hunding e agora, abraçando Siegmund, conta-lhe que há uma espada enterrada no freixo e lhe explica como ela foi parar ali. No dia do seu casamento, Hunding e seus parentes haviam se reunido naquela sala. Sieglinde o desposara contra a vontade, e aquela fora uma ocasião infeliz para ela. De súbito, um estranho entrara na casa. "Um velho homem todo vestido de cinza. Seu chapéu tinha a aba tão abaixada que um dos olhos permanecia oculto. Um olhar ameaçador do outro olho encheu os homens de terror. Só eu vi que havia tristeza e consolo em seus olhos. Ele trazia uma espada na mão, que enterrou profundamente no freixo, enfiando-a até o cabo."

Sieglinde conta ainda que, depois que o velho partiu, todos os homens ali presentes, guerreiros sem exceção, haviam tentado retirar a espada da árvore, em vão. É o cabo dessa espada que brilha.

De repente, o cômodo escurecido ilumina-se pela luz da lua cheia, e isso faz com que o casal abraçado veja um ao outro claramente. Enlevados, os dois se veem, um no rosto amado do outro. Em seus olhares, eles também reconhecem um certo brilho, o mesmo luzir graças ao qual Sieglinde, pelo que diz, se deu conta de que o velho homem de cinza era seu pai. Siegmund relembra o pai, "Walse", cujos olhos brilharam sobre ele, tal como os de Sieglinde agora. Nesse momento de luz, eles sabem o que são um do outro. A espada é a prova. O pai de Siegmund lhe prometera uma espada na hora de necessidade, e ali está ela colocada pelo pai de Sieglinde. Siegmund pega o cabo, dá à espada o nome de "Notung" ("Necessitada") e pede-lhe que venha para ele. Então, com um forte puxão, arranca a espada da árvore, mostra-a a Sieglinde e diz que ela é sua irmã e noiva.

WOTAN E FRICKA

Nas montanhas, Wotan antecipa a batalha entre Hunding e Siegmund com grande entusiasmo. Ele está armado e porta a lança; exorta a filha, a valquíria Brunnhilde, a selar seu cavalo, pegar o escudo e ir com ele ao local da luta. Ele lhe conta o resultado: "Siegmund, o Walsung, é o vencedor hoje! Hunding cai diante dele!". Mas Brunnhilde deve deixar Hunding onde ele tombar, pois Wotan não o considera digno de ser levado para Valhalla. Brunnhilde responde com exuberância; antes de partir, entretanto, ela vê Fricka, a esposa de Wotan, se aproximando.

Fricka chega em sua carruagem e, em vez de explodir com Wotan, que é o que ele espera, dirige-se ao deus com dignidade.

Ela está ali "para exigir a ajuda que me deves". Veio interceder por Hunding a fim de garantir sua vitória sobre Siegmund. Descrevendo-se como "guardiã dos laços do matrimônio" (tal como a deusa grega Hera), a própria Fricka prometera punir a façanha de Siegmund.

"Mas que mal eles fizeram?", pergunta Wotan. "O poder do amor venceu os dois; quem seria capaz de resistir a essa força?" Sieglinde e Siegmund quebraram votos sagrados, replica Fricka. Wotan responde dizendo que considera "pecaminosos os votos que obrigam corações que não se amam".

Fricka sugere com sarcasmo que ele deve considerar sagrado o incesto cometido por Siegmund e Sieglinde. A ideia de que um irmão e uma irmã sejam amantes a deixa chocada e ofendida. Wotan objeta que ela tem algo a aprender com isso – a lição de que pode acontecer uma coisa que nunca aconteceu antes –, dizendo que, como ela deve saber, Siegmund e Sieglinde se amam. Então Fricka acusa Wotan de ter esquecido a raça dos deuses, traído sua esposa fiel e partido o seu coração. Mesmo assim, ela observa, não deixou de tratá-la com respeito e fizera as Valquírias, incluindo Brunnhilde, ser obedientes a ela. Fricka lhe diz que as coisas pioraram quando ele assumiu o nome "Walse", vagou pela floresta como um lobo e fez uma mulher comum conceber seus filhos. Mas Wotan vai "consentir na mais profunda desonra" se, em favor daqueles "inúteis", abandonar a esposa.

Wotan diz a Fricka que ela não sabe o que está dizendo. Siegmund é o herói independente dos deuses, e tem condições assim de realizar uma façanha capaz de salvar estes últimos, pois pode fazer o que é proibido aos deuses: obter o anel dos nibelungos. Pricka acha que Wotan está apenas arranjando outra desculpa para salvar Siegmund. Ela também discorda de sua premissa que tem Siegmund como um herói livre: "Nele vejo apenas a ti; o que ele faz, faz por meio de ti". Wotan nega isso, dizendo: "Na tristeza mais arrasadora, ele cresceu por si mesmo, e eu não o ajudei".

"Então não o ajudes agora! Toma a espada que puseste na sua mão, a espada mágica e reluzente que o deus deu a seu filho!", replica ela.

Quando Wotan insiste em dizer que Siegmund conquistou a espada por seus próprios esforços, Fricka o contesta ponto por ponto: foi Wotan que lhe enviou a espada e criou a necessidade dela; foi Wotan que a prometeu a ele, que a fez, que a colocou na árvore e o levou até ela. Depois de concluir que, longe de ser um herói livre, Siegmund é escravo de Wotan, ela pergunta: "Devo me submeter a ele?". Irá Wotan "permitir que eu, sua deusa, sofra essa vergonha?".

Wotan fica encurralado pelas palavras de Fricka e, num vívido diálogo, reconhece dolorosamente que deve abandonar Siegmund à sua própria sorte. Diz que vai ordenar a Brunnhilde que Siegmund morra, e acrescenta que ele mesmo vai quebrar a espada mágica.

WOTAN E BRUNNHILDE

Depois da partida de Fricka, Brunnhilde retorna e encontra Wotan cismarento. Quando ela lhe pergunta o que o perturba, o deus se mostra cheio de autopiedade. Descreve a si mesmo como um ser escravizado, o mais triste de quantos existem. É-lhe difícil dizer a ela por que está irritado, pois teme perder o poder sobre ela caso o faça. Brunnhilde lembra que está ali para fazer a vontade dele. Há ternura e intimidade entre os dois enquanto Wotan lhe faz confidências.

O deus conta a Brunnhilde eventos acontecidos antes de ela nascer, fatos vinculados com o anel do poder que ele quer possuir. Tudo começou quando o amor se foi e ele começou a buscar o poder, ouviu Loki e contratou os gigantes para construir Valhalla. Nesse ínterim, Alberich forjou o anel do poder ao renunciar ao amor, algo que Wotan não poderia fazer porque "o anseio amoroso não me deixa". Ele confessa ter roubado o anel de Alberich, usando-o para pagar pelo Valhalla depois da advertência de Erda de não conservar o anel e prevendo a desgraça para os deuses. Então, sentindo uma necessidade irresistível de aprender mais com Erda, ele a conquistou "através do encanto do amor". Erda deu à luz a Brunnhilde, que, com suas oito irmãs valquírias, está formando um exército de heróis para defender o Valhalla. Wotan teme Alberich; ele sabe que a inveja e a raiva ardem nele e que, se o anão vier a recuperar o anel, o usará para conquistar Valhalla.

Depois de matar o irmão Fasolt por causa do anel, o gigante Fafner se transformou num dragão que agora guarda o ouro e o anel. Por causa do contrato que fez com os gigantes, Wotan encontra-se num beco sem saída. Ele tem de possuir o anel do poder, mas não pode ferir Fafner e tomá-lo dele.

Wotan explica à filha que sua solução era um herói livre que, por sua própria conta, sem intervenção nem ajuda dele, pudesse matar Fafner e tomar o anel. Este devia ser o papel de Siegmund, sendo esta a razão pela qual o deus lhe fornecera a espada mágica. Mas o plano malograra. Wotan enganara a si mesmo – como Fricka o fizera ver – ao considerar Siegmund livre. O deus conclui não ter poder para criar uma pessoa livre, a sua mão só sabe fazer escravos. Nesse meio-tempo, ele ouvira dizer que Alberich comprara o amor de uma mulher com ouro e que esta iria gerar o filho do anão; Wotan teme que esse filho venha a cumprir a profecia de Erda, assinalando o fim dos deuses.

Para concluir, Wotan diz a Brunnhilde que Siegmund tem de morrer: "Embora eu o ame, tenho de abandoná-lo. Matarei o filho que amo, traindo-o, enquanto ele confia em mim!". O deus fala que Brunnhilde tem de ser a defensora de Fricka, lutando por Hunding. Brunnhilde fica chocada, e lhe pede para deixar o amor de Wotan por Siegmund comandá-la, mas o pai não aceita. Ela diz a Wotan que ele lhe ensinou a amar Siegmund e que, se lhe pedir para matá-lo, ela vai se recusar.

Wotan reage com fúria: "Faze o que eu digo! Quem és tu senão uma cega escrava obediente da minha vontade?". Ele adverte Brunnhilde para não provocar sua ira, que pode destruir o mundo inteiro. Espantada com a sua raiva, Brunnhilde aceita tristemente a ordem que ele lhe dá: Hunding será o vencedor; Siegmund deve morrer.

O ATO DE COMPAIXÃO E DESOBEDIÊNCIA DE BRUNNHILDE

Quando Brunnhilde vê Siegmund e Sieglinde pela primeira vez, os dois estão num desfiladeiro. Sieglinde está perturbada e aflita, correndo na frente de Siegmund, que lhe pede para parar. Finalmente, quando ela está cansada demais para continuar a fugir, ele a alcança. Depois de terem feito amor, Sieglinde fugira, temerosa e frenética. Agora, Siegmund a segura nos braços e lhe pede que confie nele, prometendo protegê-la de todos os perigos. Sieglinde olha Siegmund enlevada e retribui apaixonadamente seu abraço. Então, num súbito terror, ela lhe pede para afastar-se dela, afirmando ser impura, maldita, desgraçada, desonrada e morta por dentro. Diz-lhe para rejeitá-la, para afastá-la de si. Sieglinde encontra-se num grande tumulto e conflito interior, presa de uma irrupção de sentimentos contraditórios. Ela confessa que, durante o ato amoroso, sentira um deleite tão elevado que todo o seu amor fora despertado e que tinha se entregue ao amor por inteiro, com toda a alma e todos os sentidos, apenas para descobrir que isso evocava repugnância e horror. À beira da loucura, ela afirma ser uma mulher traidora a quem Hunding teve por esposa, alguém sem honra nem graça que, por causa de sua culpa, deve abandonar seu herói mais puro devido à vergonha que traria a ele.

Nesse momento, os dois ouvem o som de trompas, de homens e cães em sua perseguição. Tomada pelo terror, Sieglinde suspira, parecendo perder o contato com a realidade. Ela já não vê Siegmund, que a sustenta em seus braços. Em vez disso, contempla uma visão aterrorizante, que ela descreve: cães pulam na garganta de Siegmund e o derrubam. Sua espada reluzente está em pedaços. Chamando por Siegmund, ela desmaia em seus braços.

Siegmund a coloca gentilmente no chão e aninha sua cabeça no colo. Ele está nessa posição quando Brunnhilde lhe aparece, portando sua lança e conduzindo seu cavalo. Enquanto ele fica imaginando quem ela é, Brunnhilde lhe diz que só os fadados a morrer podem vê-la: ela está ali para levá-lo a Valhalla, onde ele será recebido por Wotan, por outros heróis tombados e por formosas donzelas. Siegmund pergunta se o pai, Walse, está lá; ela responde que o pai dele o espera para saudá-lo.

Então Siegmund lhe pergunta se ela também vai levar Sieglinde. Brunnhilde diz: "Não". Ele terá de deixá-la. Ao ouvir isso, Siegmund diz a Brunnhilde que dê os seus cumprimentos a todos – Wotan, Walse, os heróis e as donzelas. Ele não vai.

Brunnhilde informa a Siegmund que Hunding vai matá-lo e que a espada que o seu pai lhe dera não vai protegê-lo. "Então que a vergonha caia sobre aquele que deu a espada", diz-lhe Siegmund, jurando que, mesmo que morra, não vai para Valhalla. Brunnhilde, espantada, pergunta com incredulidade: "Sacrificarias o júbilo eterno? Deixarias Valhalla por ela?".

Com amargura, Siegmund lhe diz para não zombar dele. Acusando-a de cruel e sem coração, diz a Brunnhilde que o deixe em paz. "Se te delicia contemplar minha desgraça, é livre para te alimentares da minha dor, mas dos prazeres sem amor de Valhalla não precisas me falar mais."

O amor e a tristeza de Siegmund afetam profundamente Brunnhilde. Ela afirma sentir todo o seu sofrimento e dor, prometendo: "Cuidarei de tua esposa. Vou protegê-la dos perigos". Siegmund recusa isso também. Ele diz a Brunnhilde que, enquanto Sieglinde viver, ele não deixará ninguém mais tocá-la e que, se tiver de morrer, ele antes matará Sieglinde enquanto ela dorme. Brunnhilde diz que ele é louco, reitera que protegerá e defenderá sua esposa e afirma que um filho nascerá do seu amor. Siegmund não lhe dá ouvidos; em vez disso, empunha a espada. Diz a Brunnhilde que, como agora sabe que a espada vai lhe faltar na batalha, a usará numa amiga.

A valquíria percebe que já não pode cumprir a ordem de Wotan e fazer que Siegmund morra. Movida pela compaixão, decide agir por si mesma e desobedecer a Wotan. Promete a Siegmund que estará ao seu lado na luta, que sua espada não lhe faltará e que ele e Sieglinde viverão juntos.

Sieglinde dorme tranquila quando Siegmund a deita delicadamente e lhe dá um beijo de despedida. Empunhando a espada, parte para combater Hunding. Sieglinde agora se agita. Está sonhando e, no sono, grita: "Por que meu pai não volta? Ele ainda está na floresta com o menino. Mamãe! Mamãe! Tenho medo, eles não parecem amigos; quem são os estranhos?! Estão queimando a casa! Oh, ajuda-me, meu irmão! Siegmund! Siegmund!". Tomada pelo terror, ela desperta e olha à sua volta. Vê a si mesma em meio ao relâmpago e ao trovão. Ouve a trompa de Hunding, as vozes de Siegmund e do marido e depois o som da luta.

Enquanto os dois homens combatem, Brunnhilde aparece num clarão de luz acima de Siegmund. Ela o protege e o impele a golpear Hunding com a espada. No momento em que Siegmund está prestes a dar o golpe mortal, Wotan surge de repente acima de Hunding; sua lança despedaça a espada do filho, e isso permite a Hunding mergulhar a sua lâmina no peito de Siegmund, matando-o. No mesmo instante, Brunnhilde volta-se para Sieglinde, coloca-a no cavalo e desaparece com ela.

A cena termina com Wotan olhando tristemente para o corpo de Siegmund e dizendo desdenhoso a Hunding: "Vai! Vai! Dize a Fricka que a lança de Wotan salvou-lhe a honra". Wotan agita a mão e Hunding cai morto no solo. Agora, Wotan ruge de ira contra Brunnhilde, a quem chama de "a culpada".

BRUNNHILDE SALVA SIEGLINDE

As valquírias estão se reunindo no topo da montanha. Ao saudarem umas às outras, cada qual entoa seu brado. Seus cavalos, recém-chegados da batalha, ainda estão fogosos. Elas fazem comentários sobre os animais ou dirigindo-se a eles. Cada uma traz um herói morto para Valhalla, e elas perguntam umas às outras: "Quem pende da tua sela?". O sentimento é de uma boa caçada; há uma camaradagem pós-vitória, até que oito valquírias estão juntas. Só falta Brunnhilde.

De um ponto privilegiado, uma das valquírias vê Brunnhilde se aproximar. Ela cavalga furiosamente, levando seu cavalo, Grane, à exaustão. As valquírias esperavam que Brunnhilde chegasse com o corpo de Siegmund. Em vez disso, veem que o seu cavalo traz uma jovem. Brunnhilde chega sem fôlego, de tanto esforço, segurando e levando Sieglinde, e grita para as outras valquírias: "Protegei-me e ajudai-me!". Elas têm a sensação de que Brunnhilde está fugindo desesperada, o que ela confirma: "Fujo pela primeira vez. Estou sendo perseguida. Wotan me caça!".

As valquírias acham que Brunnhilde enlouqueceu por ter desafiado Wotan. "Como pudeste?", é a primeira reação. Ela pede a cada uma das irmãs, em sequência, que lhe empreste o cavalo para poder salvar Sieglinde da ira de Wotan; mas todas lhe negam ajuda. Sieglinde, por sua vez, não quer saber de nada. Com Siegmund morto, ela só anseia pela morte. Brunnhilde então lhe diz que ela carrega o filho de Siegmund. Diante disso, a face de Sieglinde se ilumina, enlevada. "Salvai-me, donzelas, e protegei meu filho!", implora ela às valquírias. Seus apelos caem no vazio. Ajoelhada, ela suplica a Brunnhilde: "Salva-me, donzela! Salva uma mãe!".

Brunnhilde comove-se com as palavras e os sentimentos de Sieglinde. Mais uma vez, a compaixão dirige suas ações, desta feita para salvar Sieglinde e seu filho não nascido. Ela diz a Sieglinde que esta se livrará da ira de Wotan se fugir sozinha para uma floresta exuberante onde Fafner, o dragão, tem a sua caverna. É um lugar "de que Wotan tem medo e do qual nunca se aproxima". Brunnhilde vai ficar para trás. "Enfrentarei a raiva de Wotan e deixarei que ele se vingue em mim, para que tu escapes de sua fúria."

Enquanto Wotan se aproxima, Brunnhilde dá a Sieglinde os pedaços da espada partida de Siegmund e permite que ela escape com segurança, prevendo as dificuldades que terá de enfrentar. Sieglinde vai ter de suportar a fome, a sede, os espinhos e as pedras. Contudo, poderá sorrir da dor e do sofrimento, sabendo que "Siegfried, o herói mais nobre", nascerá do seu ventre. Ela deve levar os estilhaços da espada de Siegmund para que, com os fragmentos, o seu filho possa forjar uma nova espada.

A IRA DE WOTAN SE ABATE SOBRE BRUNNHILDE

Sieglinde foge em segurança antes de Wotan chegar com uma raiva incontida. As valquírias recuam montanha acima, escondendo Brunnhilde no meio delas. Tentam interceder em seu favor e pedem a Wotan para ter misericórdia de Brunnhilde, para controlar sua raiva terrível. Isso tem o efeito oposto, provocando-o a fazer um longo discurso contra elas e contra Brunnhilde. No centro de sua irritação com ela está a acusação de que "ela quebrou o vínculo do nosso amor e desafiou traiçoeiramente o meu desejo" ao opor-se à sua ordem. Por fim, ele troveja: "Ouve-me, Brunnhilde! Tu, a quem fiz, tu que me deves tudo o que és, o nome, e até a vida! Como podes ouvir-me acusando-te e te esconderes para fugir ao teu destino! Covarde!".

Diante disso, Brunnhilde sai do meio das irmãs e, resolutamente, mas com humildade, marcha na direção de Wotan. "Aqui estou, Pai", diz ela. "Profere a minha sentença."

Wotan diz a Brunnhilde que ela atraiu a maldição sobre si mesma e, mais uma vez, enumera raivosamente seus pecados de desobediência contra ele. Termina dizendo: "Embora tenhas sido um dia tudo o que fiz que fosses, tu mesma escolheste aquilo que te tornaste! Não mais, filha da minha vontade; tu já não és uma valquíria. Daqui por diante, permanece sendo o que escolheste!". "Tu não mais sairás a cavalo do Valhalla; não mais encherás o copo de bebida para mim; já não posso beijar a boca da minha filha." Ela será "expulsa para sempre do clã dos deuses".

As oito irmãs valquírias de Brunnhilde reagem com desalento quando Wotan lhe diz qual será o seu destino. Ele a porá num profundo sono, o que vai deixá-la indefesa. Ela pertencerá ao primeiro homem que a encontrar e a despertar. "A flor da beleza de Brunnhilde vai fenecer e morrer. Um marido lhe tirará toda a sua graça feminina; esse marido autoritário a fará obedecer. Ela há de ficar sentada e tecer perto do fogo, e o mundo inteiro vai escarnecer da sua sina!"

Encolhendo-se de horror diante do decreto de Wotan, as valquírias ouvem dele que a atrevida que ousar consolar Brunhilde terá a mesma sorte que ela. Além disso, elas devem partir imediatamente, sem se aproximarem de Brunnhilde, pois do contrário vão juntar-se a ela.

WOTAN PUNE BRUNNHILDE

Depois que as valquírias partem às pressas e desconsoladas, a tempestade cede e as nuvens agitadas se dispersam, o que é na verdade um reflexo do estado emocional de Wotan. Há calma; Wotan e Brunnhilde estão sós. Ele, sentado; ela, aos seus pés.

Brunnhilde ergue a cabeça e pergunta a Wotan, com suavidade e persistência, se a ofensa que fez foi tão vergonhosa, tão destrutiva, tão desonrosa, tão grave e tão desprezível para que ela mereça ser humilhada, desonrada e abandonada. Brunnhilde lhe dirige a palavra com delicadeza e solicitude, como fazem as mulheres diante de um homem poderoso que pode, a qualquer momento, maltratá-las. Gradualmente, ela se põe de joelhos e lhe pede que a olhe nos olhos, abrande sua irritação e lhe explique por que a pune de modo tão terrível.

Wotan diz a Brunnhilde, num tom acerbo, que ela compreenderá perfeitamente a sua ordem, tendo sido advertida por ele da ira que se manifestaria caso não fizesse a sua vontade. "Mas não, pensaste: Wotan é fraco!". Brunnhilde, em vez de responder diretamente a essa acusação, muda de foco: "Eu sei muito pouco, mas uma coisa sabia com certeza: tu amavas Siegmund. Vi todo o teu tormento enquanto tentavas forçar-te a esquecer isso".

A valquíria então explica por que protegera Siegmund; ela não o fez para desafiar Wotan nem por considerá-lo fraco, mas por causa do que acontecera quando ela apareceu para levar Siegmund a Valhalla: "Eu lhe disse que havias determinado a sua morte. Olhei nos olhos dele e ouvi a sua resposta. Senti o pesar e a aflição daquele herói e testemunhei a sua coragem". Ela conta a Wotan que o que percebera com os seus olhos e ouvira com os seus ouvidos a havia perturbado e afetado. "Uma emoção nova tomou conta do meu coração." Ela ficou atônita e envergonhada diante da lealdade de Siegmund a Sieglinde e do seu amor por ela, sendo por isso que quisera ajudá-lo e salvá-lo.

Wotan reage irritado às explicações da filha, dizendo-lhe que ela se deixara levar pelo amor, que o amor a fizera afastar-se do pai e que essa ira terrível dele fora despertada por um imenso pesar. Ele estabelece um contraste entre os dois: "Para salvar a criação", ele aprisionara "a fonte do amor em seu coração torturado", enquanto ela "estava aninhada num bem-aventurado deleite, plena do júbilo enlevante da emoção". As acusações de Wotan são distorções que revelam o seu ciúme. A cada vez que fala, Brunnhilde se arrisca a provocar Wotan. Embora seja ela quem vai ser privada da imortalidade e cruelmente abandonada por ele, é ele que exprime sentimentos de traição. Quando ela tenta explicar suas ações, ele reage como um amante rejeitado. A questão já não parece ser o fato de ela ter desafiado a autoridade de Wotan, mas sua infidelidade a ele. Por isso, quando ela pede a Wotan "não permitas, ao menos, que algum fanfarrão covarde faça de mim sua prenda; assegura-me que um herói me tenha como noiva!", ele replica: "Tu te afastaste de Wotan; não posso escolher o teu conquistador". Ela ficará exposta e sexualmente disponível ao primeiro homem que deparar com ela e, assim, tornar-se seu senhor.

Brunnhilde diz ao deus que, ao abandoná-la, "Abandonas metade do teu ser. Teu outro eu não deves desgraçar". "Tua fama seria obscurecida se eu fosse desdenhada e desprezada."

Wotan rejeita esses apelos. Do mesmo modo, não se comove quando a filha lhe diz que, ao salvar Sieglinde, salvara a raça Walsung. Em vez disso, ele a acusa de responsável pela desgraça dessa raça. "Ao me abandonares, condenaste os Walsung. Minha ira destrói toda a raça!"

Todos os esforços de Brunnhilde para aplacar a raiva de Wotan ou abrandar sua punição parecem encontrar um coração endurecido. Ele é veemente ao lhe dizer: "Não busques, ó filha, mudar minha decisão!". "Demorei-me aqui tempo demais.

Porque, assim como me deste as costas, o mesmo faço eu."
"Devo agora ver a tua sentença cumprida!"
"O que decretaste que devo sofrer?", pergunta Brunnhilde.
"A um longo, profundo sono serás segregada. O homem que te despertar fará de ti sua esposa", responde ele.

Brunnhilde fica angustiada e suplica a Wotan que, se há de ser deixada inconsciente, como um prêmio para o primeiro homem que der com ela, que este ao menos seja um herói destemido, livre. Wotan replica que ela pede uma graça grande demais.

Ouvindo isso, Brunnhilde se agarra às pernas de Wotan e lhe implora que a mate imediatamente. "Que o meu peito receba um golpe da tua lança. Não me jogues nessa vergonha, nessa cruel desgraça!"

No momento seguinte, como se movida por uma súbita inspiração, Brunnhilde diz a Wotan que ele pode ordenar que um anel de fogo cerque a rocha onde ela haverá de jazer adormecida, um anel que vai impedir um covarde de aproximar-se dela.

Em resposta, Wotan levanta Brunnhilde, fita-a nos olhos e canta um apaixonado adeus a ela, prometendo que "um fogo nupcial arderá para te proteger. O covarde vai tremer, o fraco vai fugir da rocha de Brunnhilde. Só um te terá como noiva, alguém mais livre do que eu, o deus!".

Diante dessas palavras, a valquíria se atira jubilosamente nos braços de Wotan, que lhe dá um longo abraço. Olhando para ela com ternura, ele fala comovido dos seus olhos radiantes e gloriosos que ele costumava beijar, olhos que brilhavam intensamente na tempestade, que o alegravam quando ele tinha medo ou ansiava por prazeres do mundo. "Seu ardor glorioso me alegra agora, quando te dou este último adeus amoroso! Para algum mortal feliz eles um dia vão brilhar, mas eu, desafortunado imortal, devo perdê-los para sempre."

Wotan segura a cabeça da filha nas mãos e, dizendo "Meu beijo tira a tua divindade", beija-a nos olhos. A valquíria cai inconsciente em seus braços. Ele a deita, fecha-lhe o elmo e a cobre com seu grande escudo.

A seguir, Wotan pega a lança e bate a ponta contra a rocha três vezes, convocando Loki, o deus do fogo. "Desperta! Vem, Loki flamejante! Circunda a rocha, cerca-a de chamas!" O fogo vem. Com a lança, o deus dirige-o de forma a fazer um círculo ao redor da montanha em que jaz Brunnhilde. Como se fizesse um encantamento, Wotan estende a lança e diz, profeticamente: "Somente o homem que enfrentar a ponta da minha lança poderá transpor este mar de chamas".

A PSICOLOGIA DO PODER NA FAMÍLIA DEFICIENTE

A Valquíria tem como foco relacionamentos que refletem o que vemos em famílias deficientes dirigidas por um homem forte e autoritário. Nelas, assim como na maioria dos relacionamentos deficientes, o que acontece entre as pessoas é decidido pelo poder que uma delas tem sobre a outra, e não pelo amor entre elas, mesmo quando ele existe.

Em *A Valquíria*, os casamentos são patriarcais ou tradicionais. O marido tem poder sobre a esposa e sobre a forma que o casamento vai tomar. Há relacionamentos incestuosos entre pais e filhos e entre irmãos, comportamento codependente, infidelidade, narcisismo e sofrimento, bem como momentos de verdade e atos de compaixão e de coragem.

Os papéis psicológicos dessa ópera refletem os das famílias deficientes da vida real. Há o pai (Wotan) e o marido (Wotan, Hunding) autoritários, a esposa desconsiderada e raivosa (Fricka) ou passiva e obediente (Sieglinde), a mãe impotente ou ausente (a mãe não mencionada de Sieglinde e Siegmund; Erda), assim como filhos emocionalmente abandonados e maltratados (Siegmund, Sieglinde) ou de quem se espera que atenda as necessidades emocionais ou realize as ambições de um genitor (Brunnhilde, Siegmund).

CASAMENTOS DEFICIENTES

Há dois relacionamentos matrimoniais em *A Valquíria*. Em ambos os casos, o marido é o senhor da casa e tem a última palavra. O casamento de Hunding e Sieglinde está dentro da lei, é um casamento patriarcal na sua pior manifestação, não contando, desde o começo, com um abrandamento advindo da afeição. Sieglinde é propriedade de Hunding; ela e a casa lhe pertencem. Ela casou contra a vontade e, tendo-o desposado, faz o que Hunding quer. Sieglinde não tem a quem pedir apoio e nenhum lugar onde obter proteção. Por meio do matrimônio, suas necessidades materiais e o seu papel social são assegurados. O que ela sente ou quer pouco importa.

Hunding é um homem perfeitamente integrado ao seu meio, um exemplo da sociedade patriarcal. Tem uma esposa obediente e uma casa, alianças de parentesco que garantem a ajuda mútua, um lugar no mundo e regras pelas quais viver. Em marcado contraste com Siegmund, os sentimentos pessoais, próprios ou dos outros, não contam para Hunding. Ele é capaz de casar-se com uma mulher à força; ele pode exigir e esperar que ela tome conta da casa e cuide de suas necessidades, inclusive sexuais. É capaz de acolher um homem durante a noite porque uma regra de hospitalidade foi invocada e matá-lo pela manhã, por ser o hóspede inimigo dos seus parentes. O que importa para Hunding é respeitar as convenções. Ele vive dentro da lei e pode recorrer a aliados e divindades – o sistema – para ser vingado.

WOTAN E FRICKA:
O RETRATO DE UM CASAMENTO DEFICIENTE

Wotan e Fricka também estão num casamento patriarcal deficiente. Contudo, um dia houve amor entre eles. Ou o amor se acabou e Wotan foi procurar poder ou o amor terminou quando ele buscou o poder; em ambos os casos, o amor desapareceu. Ao ouvir que uma irritada Fricka se aproxima, Wotan observa: "A discussão de sempre, a briga de sempre". O casamento deles se mantém na forma, mas carece de intimidade e de amor. Fricka é ressentida e raivosa, o que a impede de sentir sua dor e o fato de ser traída e de dar importância a isso. Wotan teve inúmeros relacionamentos extraconjugais e é pai de muitos filhos que, em

A Valquíria, são adultos. Ele abandonou Fricka emocionalmente, mas mantém o casamento e insiste que ela seja tratada com o respeito que lhe é devido na qualidade de sua esposa.

Trata-se de um padrão de casamento deficiente bem comum em homens arquetipicamente semelhantes a Wotan (ou Zeus) casados com mulheres como Fricka (ou Hera). A instituição do matrimônio tem importância para um homem desse gênero como fonte de estabilidade e posição social, representando o mesmo para a mulher, em especial se o seu sentido e identidade derivam do fato de ser casada com ele.

Nesses casamentos, a hostilidade e a depressão mútuas estão presentes, e esses sentimentos têm um preço a ser pago pelo casal e pela família. Em casamentos sem amor, o poder se torna o substituto deste; é como se cada cônjuge decidisse "se não posso ter amor, vou impor a minha vontade". A raiva ou a intimidação mediante a ameaça da raiva, o controle do dinheiro e a recusa do sexo são formas comuns de expressão de poder empregadas pelos cônjuges. Em alguns casamentos ativamente deficientes, há permanentes lutas pelo poder e expressões exteriores de hostilidade, com vencedores e empates temporários. Em outros casamentos desse tipo, o padrão é a aceitação passiva da situação vigente, sendo a hostilidade reprimida. Em ambos os casos, a falta de amor e a afirmação são uma fonte de insegurança e de sofrimento emocional, predispondo o marido e a esposa a assumir um comportamento vicioso que alivia a dor ou a apresentar sintomas físicos ou psicológicos que exprimem essa dor indiretamente.

FRICKA COMO A ESPOSA TRAÍDA E PRESERVADORA DO CASAMENTO

Fricka diz ser "guardiã dos laços do matrimônio". Nesse aspecto, ela equivale a Hera, a deusa grega do casamento, para quem este era santificado e sagrado, um vínculo divino. Fricka é ferida pelas infidelidades de Wotan, tal como o foi Hera, cujo marido, Zeus, era um namorador. Para Fricka, Hera e mulheres comuns que têm o mesmo sentido arquetípico profundo do casamento, a infidelidade é um mal. Quando os vínculos do casamento são rompidos, aquilo que elas têm por mais sagrado é profanado, destruindo uma fonte de profunda realização pessoal. Elas se sentem ultrajadas e desejam que a infidelidade seja punida. Dependentes dos maridos infiéis, essas mulheres podem transferir a vingança para outros. A exigência de Fricka de que Hunding seja vingado por meio da morte de Siegmund é uma expressão desse deslocamento.

A raiva e a vingança não deixam que o cônjuge traído sinta o profundo pesar e sentimento de impotência que sem elas seriam inevitáveis. O apego às aparências e às prerrogativas de ser a esposa de um homem poderoso oculta, dela mesma e dos outros, humilhação. A substituição do amor pela aquisição de posses materiais deixa seu empobrecimento emocional a distância, enquanto o poder sobre os outros, expresso de modo punitivo, pode impedir que ela se sinta incapaz, sem valor e abandonada. O uso abusivo de substâncias, de modo geral o álcool, ajuda a amortecer esses sentimentos, que ela não pode suportar. As esposas desprezadas de homens poderosos são suscetíveis de se verem presa de um ou mais desses comportamentos.

FRICKA COMO A VOZ DA REALIDADE

Em *A Valquíria*, bem como em *O Ouro do Reno*, Fricka é a voz da realidade de Wotan, que enfrenta seus autoenganos. Mais uma vez, Wotan tenta fugir do acordo que fez com os gigantes, anos atrás, para a construção de Valhalla. Desta feita, ele não culpa Loki nem espera que este resolva o problema para ele. Psicologicamente, "Loki" deixa de ser uma influência exterior e se torna um modo deturpado de pensar que o próprio Wotan emprega. Assim, Wotan concebe um plano de longo prazo para conseguir o anel do poder, um plano que não o envolve ostensivamente, mas será realizado por um "herói livre".

Fricka pode representar a voz descartada e reprimida da realidade e da fidelidade que se manifesta quando impulsos obsessivos (ou viciosos) motivam alguém. Quando a pessoa está obcecada, a fidelidade aos valores, a lealdade às pessoas, o pensamento claro e o bom julgamento com frequência se perdem ou são racionalizados,

A necessidade de ter poder é justificada por Wotan como fundamental para salvar os deuses, uma racionalização que tenta fazer sua obsessão pessoal servir a um bem maior, algo que os Wotans políticos sempre fazem. Quando recomenda cautela diante desse modo de agir, a voz interior ou exterior se torna uma resmungona ressentida, na melhor das hipóteses, ou uma traidora a ser silenciada.

WOTAN COMO GENITOR NARCISISTA

Diante da exigência de Fricka de que Hunding seja vingado e Siegmund morra, Wotan explica que este último foi concebido para o único propósito de obter o anel que Wotan cobiça; ele diz que um Siegmund órfão cresceu "na tristeza mais arrasadora", contando só consigo mesmo, para ser um "herói livre", ostensivamente privado da ajuda e da influência de Wotan. O deus vê isso como uma solução para o seu problema de conseguir o anel sem romper o acordo que fez. Siegmund tem de padecer uma infância terrível e ser um excluído a fim de tornar-se o meio pelo qual Wotan pode obter o anel do poder.

Do ponto de vista psicológico, Wotan é um genitor narcisista. A seu ver, Siegmund só existe para atender sua necessidade de poder. Por isso, Siegmund não é amado, cuidado nem considerado como uma criança com o direito de ter suas necessidades atendidas e de encontrar seu propósito pessoal na vida. Wotan pode abandonar Siegmund a uma vida infeliz porque isso serve ao seu objetivo; e pode concordar com a morte de Siegmund quando o seu plano não funciona. Depois disso, Wotan sente pena de si mesmo, queixando-se de ser "o mais triste dos seres" porque o seu plano fracassou. Ele não sente nada por Siegmund, uma vez que enxerga a situação apenas do seu ponto de vista.

Por razões pessoais e dinásticas, homens como Wotan costumam querer ter filhos: para manter o nome ou o negócio da família, para ser um atleta de sucesso, uma personalidade política ou qualquer coisa que o pai aspirou ser e agora pode viver por meio do filho. Quando isso é um padrão familiar, a criança, para conservar a aprovação do pai, aprende a suprimir os próprios sentimentos e inclinações contrárias, crescendo sem se sentir amada pelo que é.

Um pai narcisista pode reagir, se uma filha amada lhe desobedece, discorda dele ou o deixa para viver sua própria vida, como se ela o estivesse traindo. Ele não consegue vê-la como um ser distinto com necessidades pessoais, nem perceber que seus interesses podem não coincidir com os dele, o que o torna incapaz de ser um genitor que cuida genuinamente do filho. (Isso também se aplica a mães narcisistas e aos seus filhos.) A criança é forçada a abandonar parte de si mesma e suas necessidades de crescimento para manter o relacionamento com o genitor.

Falta empatia a uma pessoa narcisista, não podendo ela se colocar no lugar de outra pessoa. Ela também tem uma quantidade extraordinária de raiva sob a superfície, o que é evidente em Wotan. A proximidade entre Wotan e Brunnhilde se transforma de modo alarmante quando ela diz que, se ele lhe pedir que mate Siegmund, ela vai se recusar. A ideia de que ela possa desobedecer o deixa furioso, e ele a adverte de que essa desobediência desencadeará sua ira destrutiva. Ele faz dela a responsável por mantê-lo sem raiva, uma função comumente aceita pelas pessoas numa família deficiente.

Dada a sua necessidade de controle, Wotan espera que Brunnhilde seja codependente ao exigir obediência, desejando que ela descarte seus próprios sentimentos e abandone Siegmund. Os narcisistas tornam codependentes seus filhos ou quem quer que ponha as necessidades deles antes das suas. A afirmação de

Wotan de que Brunnhilde (e não ele) será a responsável pela sua ira destrutiva, caso ela desobedeça, ilustra o tipo de acordo que os membros de famílias deficientes aceitam habitualmente. Toda vez que não nos comportamos de forma espontânea ou não falamos a verdade porque vamos ser acusados de irritar alguém que vai nos considerar responsáveis pela sua raiva, somos codependentes.

BRUNNHILDE, A VALQUÍRIA: A FILHA ARQUETÍPICA DO PAI

Quando conhecemos Brunnhilde, ela é enérgica e entusiasmada; com sua armadura brilhante, mal pode esperar a hora de ir para a batalha com o pai Wotan. Ele lhe diz que, nesse dia, Siegmund vai triunfar com a ajuda dela; pai e filha antecipam com grande euforia esse momento. Essa excitação agradável é conhecida das filhas do pai ou "filhinhas do papai" de todas as idades; eles estão prestes a fazer algo juntos e fruem o sentimento de que cada um é o "companheiro especial" ou "namoradinho especial" do outro.

Ser uma filha do pai como Brunnhilde é, na melhor das hipóteses, uma contundente experiência de afirmação: ela se sente tão competente ou tão atraente quanto o pai. Contudo, se ela se tornar o vínculo principal dele, sendo mais próxima do pai do que a mãe, crescer e afastar-se dele se tornam algo emocionalmente difícil se ele for narcisista e autoritário. O primeiro indício da existência de um problema surge quando há uma divergência entre eles, quando ela não reage como ele esperava ou não quer realizar seu desejo, e ele fica irritado, faz que ela se sinta culpada ou as duas coisas.

Brunnhilde lembra a deusa grega Atena, outra filha do pai, conhecida pela capacidade de pensar com clareza e sem emoções. Ela era uma deusa virgem guerreira, retratada em geral envergando armadura. A mãe de Atena era Métis, uma deusa semelhante a Erda por também ser uma deusa anterior da sabedoria que desapareceu de vista. Na mitologia grega, Atena é como uma estátua de pedra, imutável: permanece eternamente virgem, sempre como filha do pai, uma filha que ele confia pensar como ele.

Atena é o padrão arquetípico da filha do pai. Uma mulher que se identifique com esse arquétipo e tenha como relacionamento principal um pai ou uma figura paterna semelhante a Zeus não se desenvolve e tem a vida circunscrita por ele. A vontade do pai será a sua; o que ele pensar será a opinião dela; o que ele quiser ela também vai querer. Quando tem vontade de desobedecer à ordem de Wotan para que abandone Siegmund, a quem ela aprendeu a amar, e aceita tristemente fazê-lo apesar do modo como se sente a esse respeito, Brunnhilde decidiu momentaneamente que a obediência ao pai é mais importante do que a vida de Siegmund. Para a valquíria, trata-se de um momento de escolha que tem ecos na vida real: quando um genitor exige que um relacionamento significativo nosso seja rompido, devemos obedecer? E a que custo?

SIEGMUND:
O HERÓI EXCLUÍDO E COMPASSIVO

Siegmund diz chamar-se "o Infeliz", pois a infelicidade tem sido a sua sina. Sua mãe foi assassinada, sua irmã gêmea, raptada e sua casa, destruída pelas chamas. Sem ter onde morar, ele e o pai caçaram juntos como Lobo e Filhote de Lobo, até que o pai desapareceu deixando-o à própria sorte, totalmente sozinho e sem conhecer os costumes do mundo.

Ao tentar "fazer um amigo ou cortejar uma donzela", Siegmund se comportava de maneira imprópria. Tal como um rústico que tenta se integrar à sociedade culta e se revela de imediato pelo modo como fala e pela sua ignorância de que garfo usar para quê, Siegmund mete os pés pelas mãos. No entanto, a razão por que ele tem sido "rejeitado em toda parte" não é uma questão de polidez superficial, embora seja provável que isso lhe faltasse. Ele percebe que tem com os outros profundas diferenças de valores que o deixam à parte: "Porque o que pensei que era certo os outros consideraram errado, e o que me parecia ruim os outros acharam bom".

Como exemplo recente, ouvimos que Siegmund foi salvar uma mulher que estava sendo forçada pelos irmãos a desposar um homem a quem temia. Quando ele o fez, sendo atacado, provocou a morte de todos. Siegmund reagia à sua provação pessoal, que ninguém mais considerava importante porque as coisas eram como deviam ser; os irmãos da mulher tinham o direito de escolher o marido para ela, e nada os obrigava a levar em conta os seus sentimentos. Mas Siegmund sentiu no coração o problema emocional dela e, ao fazê-lo, num contexto patriarcal, agiu errado.

Também percebemos a sensibilidade de Siegmund diante da posição comprometedora em que a sua presença pode colocar Sieglinde. Ele se preocupa em não levar o infortúnio até ela ficando ali, mesmo que isso signifique enfrentar outra vez a tormenta.

Siegmund tem um comportamento coerente baseado em seus sentimentos de compaixão, de paixão, de amor e lealdade. Ele avalia, reagindo a eles, valores subjetivos de sentimento que definem o que é bom e mau ou certo e errado; e isso importa incomparavelmente mais para ele do que as questões práticas ou consequências políticas. Agindo com o coração, e não com a cabeça, ele é coerente e está coerentemente deslocado, já que o que é preciso fazer para conseguir aceitação ou sucesso é algo que requer estratégia, o cuidado da propriedade e dos direitos de propriedade, o respeito a regras e a consideração de quem tem o poder.

Com a ternura e a paixão ardorosa que sente por Sieglinde, forçada a desposar Hunding, Siegmund a toma como noiva. O fato de ela ser legalmente casada com Hunding e de estar, como tal, incluída entre as propriedades de Hunding, bem como o de ela ser sua irmã e de haver proibições ao incesto entre irmãos, não importam. Tendo crescido como Filhote de Lobo, ele não absorveu atitudes e expectativas sociais, sendo guiado, em lugar disso, apenas pelos seus sentimentos e instintos.

Como situação psicológica interior, Siegmund e Sieglinde podem representar o casamento interior das metades masculina e feminina em igualdade, tendo a totalidade como o potencial. Seu encontro e sua união também podem simbolizar o casamento interior entre o amor e a alma, entre Eros e Psiquê, sendo o júbilo o rebento potencial da união. É essa possibilidade interior de totalidade que faz que nos apaixonemos, como eles, "à primeira vista". Projetamos no "amado" a nossa outra metade, pela qual há muito ansiamos, a alma gêmea que temos buscado ou a parte perdida de nós mesmos, que desejamos recuperar.

Siegmund como figura simbólica é um homem que age com o coração, impulsivamente e sem refletir muito sobre a situação, razão por que tem de pagar o preço. A compaixão ou o amor e a paixão por uma mulher o motivam. Descrito em termos psicológicos, Siegmund é um homem, acima de tudo, fiel ao princípio feminino; princípio que valoriza mais o amor e o relacionamento do que a lei ou o poder. Num mundo com valores patriarcais, ele é um excluído e alijado por não considerar a lei nem as convenções.

Como se para enfatizar o princípio feminino, simbolizado com frequência pela lua, Siegmund e Sieglinde veem um ao outro quando as portas se abrem subitamente, deixando entrar a clara luz da lua cheia. Ao luar, eles olham os traços um do outro, reconhecem o ponto até o qual estão relacionados mutuamente e percebem e exprimem o amor que sentem um pelo outro. Em contraste com a luz do sol, que oferece a clareza objetiva e se presta à consideração lógica das coisas, a luz da lua ilumina, com seu brilho mais suave, os sentimentos subjetivos.

SIEGLINDE, A FILHA ABANDONADA E ESPOSA OBEDIENTE

A vida de Sieglinde também foi marcada pelo infortúnio, sem lhe dar escolha até o momento em que Siegmund apareceu. Raptada pelos assassinos de sua mãe, e mais tarde forçada a casar-se, ela teve de aceitar o fato de ser uma propriedade, tornando-se uma esposa obediente. Mas, uma vez que sentiu o impulso do amor, ela se fortaleceu e tomou a iniciativa: persuadiu Siegmund a ficar, drogou a bebida do marido e foi ao encontro de Siegmund durante a noite.

No dia do casamento de Sieglinde, um velho de cinza, com o chapéu cobrindo um dos olhos, apareceu. Embora olhasse para ela com tristeza e como que desejando consolá-la, ele nada fez para ajudá-la. Contudo, graças àquele olhar, Sieglinde reconhece o pai e percebe que ele a está abandonando a esse destino.

A jovem filha abandonada simboliza a vulnerabilidade, a inocência e valores femininos incipientes vinculados com o relacionamento que são abandonados pelo homem (ou mulher) ambicioso voltado para a aquisição de poder.

Uma filha não valorizada nem protegida num patriarcado é com frequência objeto de abuso. Não tendo aprendido a se valorizar, ela se torna suscetível de vir a ser uma vítima. Do mesmo modo, uma mulher que não esteja sob a proteção de um homem é muitas vezes considerada "disponível", podendo não ter forças para afastar atenções indesejadas.

SIEGLINDE COMO VÍTIMA:
A PSICOLOGIA DO ABUSO

Sieglinde está atormentada ao fugir de Siegmund, a quem ama. A intimidade e o enlevo que sentira em seu abraço se transformaram num frenesi de loucura, e ela está cheia de vergonha. Ela foge dele tentando livrar-se de sentimentos de culpa e de dor que sucederam ao seu ato amoroso. Quando os sentidos e a alma de Sieglinde reagem sexualmente a Siegmund, abrem--se as comportas da memória.

Até a entrada de Siegmund na casa, Sieglinde estivera entorpecida e fora obediente, a esposa fiel de um homem que a forçara ao casamento e lhe impunha seu direito conjugal ao sexo. Esse casamento forçado ocorreu depois de ela ter visto sua mãe assassinada e seu lar pilhado e queimado – e ela se tornara a propriedade dos mesmos homens que tinham feito isso. É provável que Sieglinde tenha sido estuprada na época. As lembranças de eventos traumáticos costumam ser reprimidas na infância. Elas são demasiado horríveis e perturbadoras para que se pense a respeito, em especial quando não se dispõe de apoio nem de um lugar seguro e quando é provável que se venha a ser objeto de mais abusos. Nessas circunstâncias, as lembranças e as emoções não expressas de pesar, de vergonha, de horror, de dor e de medo são enterradas vivas na psique das vítimas. Quando são evocadas, mesmo bem mais tarde, descobrimos que podem vir à superfície como se o trauma acabasse de acontecer, podendo inundar a pessoa de afetos. Se isso for demais para um ego frágil suportar, a loucura – a perda da realidade – pode se manifestar.

Mas a psique é protetora, sendo essa a razão por que traumas da infância (ou da idade adulta), demasiado terríveis para serem lembrados, são reprimidos. Embora essas lembranças possam vir à tona na idade adulta evocadas pelas circunstâncias, como acontece com Sieglinde, vejo no meu consultório o retorno da memória apenas quando há um lugar que ofereça proteção e confiança. Nesse caso, ocorre a cura, e não a insanidade, mas, mesmo na segurança de um relacionamento terapêutico, é tal a intensidade da experiência que a mulher (ou o homem) pode sentir que está ficando insana. "Devo estar ficando louca!" – eis uma expressão comum, em particular quando o trauma ocorreu numa idade bem precoce. Irrompem soluços das profundezas, abalando o corpo; imagens vívidas voltam, podendo haver sensações de que partes do corpo estão sendo violadas. Tudo isso pode ser tão real a ponto de se imiscuir na realidade comum com a força de uma alucinação, enquanto afetos emocionais há muito represados entram como um dilúvio na consciência, trazendo consigo importantes fragmentos da personalidade que tinham desaparecido da percepção consciente.

Sieglinde tem razões adicionais para estar perturbada. O ato amoroso entre ela e Siegmund trouxe a sensação de algo santo e sagrado, mas também restaurou lembranças do ato sexual com Hunding, o que a fez sentir-se humilhada, suja e culpada em demasia para "o mais puro dos heróis". Sempre que há abuso sexual ou sexo à força, a criança ou a mulher sofrem duas vezes: primeiro com a agressão sofrida e, depois, por se sentirem culpadas pelo ocorrido.

Enquanto Sieglinde e Siegmund fogem de Hunding, ela tem visões terríveis de cães atacando Siegmund. Sieglinde dorme agitada, perturbada pelos sonhos, e percebemos, pelas suas palavras, que revive o momento em que sua mãe foi morta, sua casa foi queimada e ela mesma, raptada: "Por que meu pai não volta? Ele ainda está na floresta. Mamãe! Mamãe! Tenho medo. Quem são esses estranhos? Trevas esfumaçadas pequenas chamas... agora elas estão ardendo, se estendendo por tudo estão queimando a casa. Oh, ajuda-me, irmão! Siegmund! Siegmund!".

Quando emergem, as lembranças de eventos traumáticos da infância o fazem vividamente. Os detalhes e as emoções voltam num turbilhão. Quando ocorreu abuso sexual, o medo pode vir acompanhado de uma confusão culposa. Há pesadelos repetitivos, e o passado pode ser confundido com o presente, em especial quando há uma ameaça presente percebida ou imaginada. Mulheres vítimas de trauma agem como Sieglinde.

A COMPAIXÃO TRANSFORMA BRUNNHILDE

Siegmund reage ao medo e à fuga de Sieglinde com delicadeza, prometendo protegê-la dos perigos. Ela dorme em seus braços quando Brunnhilde chega para lhe dizer que veio buscá-lo. Cumprindo as ordens de Wotan, ela está ali para conduzi-lo ao Valhalla depois que ele tombar diante de Hunding na batalha. Brunnhilde supõe erroneamente que o Valhalla seja uma perspectiva atraente para Siegmund. O Valhalla é a recompensa última para a morte de um herói: a imortalidade na companhia de outros heróis, comida e bebida, bem como donzelas solícitas que vão cuidar dele.

A valquíria fica atônita quando Siegmund se recusa a ir se tiver de deixar Sieglinde. Quando ouve falar de sua morte iminente, ele lamenta pelo efeito que isso pode ter em Sieglinde. Esta dorme em seus braços, confiante na sua proteção. Siegmund contempla Sieglinde e diz a Brunnhilde que esta só lhe oferece "os prazeres sem amor do Valhalla". Chocada com o fato de ele rejeitar o Valhalla por aquela mulher, Brunnhilde o questiona e é atingida pela violência da sua amargura. E, o que é mais importante, sente o desgosto dele e lamenta a sua situação. O amor e a compaixão de Siegmund pela irmã afetam profundamente Brunnhilde.

Siegmund é um homem que ama de verdade, sem narcisismo; um homem a quem não interessam o poder nem a fama; alguém cuja capacidade de sentir e cujas emoções estão bem desenvolvidas; que sabe que a vacuidade do prazer obtido na companhia de belas mulheres à sua disposição, por ser ele um herói, não pode ser comparada com a profundidade do amor pessoal; um homem que pretende ser leal à mulher que deposita nele a sua confiança.

Depois de ouvir que a espada que recebeu vai se partir quando precisar dela, Siegmund diz: "Então, que a vergonha caia sobre aquele que deu a espada". O contraste entre Wotan, que dá as costas a Siegmund, e este, que fica ao lado de Sieglinde, é marcadamente claro para nós, bem como para Brunnhilde. Ao saber que a espada não vai ajudá-lo na batalha, ele a tira, caracterizando-a como "esta espada que um traidor impingiu ao justo", e a aponta para Sieglinde, que ainda dorme, pretendendo tirar-lhe a vida para poupá-la de mais sofrimentos. Brunnhilde fica tão comovida que sua obediência a Wotan se dissipa. Ela se transforma numa mulher compassiva que reage com simpatia, colocando os sentimentos acima do dever perante a autoridade. Declarando que "a escolha é minha!", ela promete a Siegmund que ele e Sieglinde viverão, pois não sabe que o próprio Wotan vai intervir na batalha para garantir a derrota de Siegmund, nem tem ideia do grau da ira de Wotan contra ela. A compaixão lhe deu a verdadeira coragem – a capacidade de agir a partir do coração.

WOTAN COMO UM PAI EMOCIONALMENTE INCESTUOSO

Numa família desajustada, onde há raiva e falta de amor entre marido e mulher, o relacionamento entre o pai e a filha assume muitas vezes uma qualidade incestuosa. Quando criança, a filha pode amar o pai incondicionalmente e considerá-lo maravilhoso, enquanto a esposa vê seus defeitos e falhas. À medida que cresce, a filha que o adora lhe dá apoio emocional. Ela pode vir a ser sua confidente, a pessoa que compartilha os seus pensamentos. Se ele recorrer a ela para obter companhia e validação, a filha substituirá a esposa como relacionamento central do pai (estando, portanto, num relacionamento emocionalmente incestuoso com ele). Ela reflete uma imagem positiva para ele, ao contrário da esposa, que pode ser crítica e irada ou representar a voz da realidade que ele não quer ouvir.

As filhas idolatram o pai. Durante parte da sua vida, ou por toda ela, ele é o seu herói. Ele se compraz nessa idealização, fruindo de um caso amoroso emocional mútuo, e é comum que se sinta ferido quando a filha também adora ou ama outra pessoa. Se for psicologicamente saudável, embora sinta as dores da perda, ele vai saber que ela está crescendo e se tornando independente, o que ele gosta que aconteça. O pai também sabe que a filha o ama e que a ajudou a tornar-se uma jovem mulher confiante, sentindo-se bem com o seu papel de pai.

Porém, se o pai for narcisista e autoritário, a independência da filha vai ser tratada como uma deserção, e ele vai defini-la como rebelde e desobediente quando ela agir (ou pensar) por si mesma. Ele reage com raiva por se sentir abandonado por ela. Há um grande vazio no centro de uma personalidade narcisista, e é por essa razão que o pai precisa de poder para controlar os outros; sua raiva ajuda-o a se proteger dos dolorosos sentimentos de falta de valor e de amor que tiveram origem numa infância emocionalmente carente.

Para a criança ou jovem mulher que antes contava com a boa vontade do pai, a mudança no comportamento e na atitude dele, que a independência da filha provoca, é terrível. A raiva é um ataque à psique; atacada verbal ou fisicamente, ela fica atônita. É normal, um crescimento saudável da personalidade, o fato de uma criança, adolescente ou adulto, tornar-se um indivíduo, distinto e separado dos pais. Wotan, no entanto, é um genitor necessitado e extremamente narcisista que mantém um relacionamento emocionalmente incestuoso com a filha, por quem sente atração sexual – isso explica a sua reação. Assim, ele se comporta como um amante rejeitado e sexualmente ciumento quando Brunnhilde lhe desobedece. Ele a imagina dormindo com Siegmund, razão por que o castigo que decreta é sexual: um estranho vai encontrá-la inconsciente e impotente, tirar-lhe-á a virgindade e se tornará seu senhor e marido (o que pode ser interpretado como uma projeção do desejo proibido de Wotan de possuí-la).

A RAIVA COMO CARRASCO DO AMOR

A ira de Wotan diante da independência de Brunnhilde modifica para sempre o relacionamento entre eles. Na minha prática psiquiátrica, ouço a verdade disso – da inibição do espírito livre e curioso de uma filha (ou filho), da repressão de sua espontaneidade e do bloqueio de sentimentos e pensamentos que ocorrem quando um pai (ou mãe) se descontrola e a criança conhece o medo. Então, como Brunnhilde aos pés de Wotan, levantando timidamente a cabeça para dirigir-se com suavidade a ele, ela assume uma atitude conciliadora e se torna agudamente sensível aos estados de espírito do pai.

Uma vez que viu dirigidos contra si a raiva e o poder de punição do pai, a filha aprende que tem de dar mais atenção aos sentimentos dele do que aos seus, sendo essa a grande lição que os codependentes aprendem. De fato, ela aprende que ter seus próprios sentimentos e impulsos a expõe ao perigo de ser atacada e acusada de rebelde, depravada ou egoísta. A perda do controle pelo pai é um importante evento traumático. Ele instila o medo como base do comportamento diante do pai e a obediência como a atitude requerida. Nessas circunstâncias, o amor não floresce, tendo seu lugar ocupado pelo temor. A raiva punitiva costuma ser usada para manter os homens na linha e para levá-los a obedecer sem questionar, o que constitui um requisito essencial para os militares. O instrutor de fuzileiros, por exemplo, usa deliberadamente a raiva e a humilhação para alcançar essa meta; o mesmo fazem muitos técnicos de esportes. As academias militares também recorrem a isso, mas de maneira mais polida. Os pais costumam usar táticas semelhantes para transformar seus garotos em homens. Sempre que a obediência ao poder é enfatizada, sentimentos e pensamentos que levem ao comportamento independente e à compaixão pelos outros são sistematicamente suprimidos. Ser amado e amar os outros são atitudes que não cabem em instituições fundadas no poder (e a família pode ser uma delas). Em termos psicológicos, quando tem um raivoso "Wotan" como pai, instrutor ou chefe, o homem aprende lições de comportamento. Isso o leva a desvalorizar e, em seguida, a reprimir "Brunnhilde" e "Siegmund", as partes feminina e masculina cuidadosas e compassivas de si mesmo.

A MÃE INEXISTENTE

A mãe e a presença maternal estão ausentes em *O Anel dos Nibelungos*. Entre os imortais encontram-se Fricka, esposa, mas não mãe; a jovial Freya; as virgens guerreiras valquírias; e Erda – uma mãe cuja filha, Brunnhilde, nunca a menciona. A mãe sem nome de Siegmund e Sieglinde foi assassinada. Sieglinde tem de fato sentimentos maternais pelo filho não nascido, mas, como veremos em *Siegfried*, ela morre ao dar à luz. Em *O Anel dos Nibelungos* (e em outras mitologias ocidentais) há uma carência da figura da mãe. Uma mãe forte e amorosa está ausente da vida de todas as personagens do ciclo do *Anel*.

Trata-se de um reflexo preciso da dessacralização da divindade feminina nas tradições ocidentais e de uma desvalorização e de uma forma de denegrir as mulheres. Embora algumas mães sejam fortes e amorosas, há falta delas na mitologia e nas religiões patriarcais. A mãe e o maternal ausentes são a chave da dinâmica da família desajustada e da ênfase no poder que permeia *O Anel dos Nibelungos*.

O PAI EM CONFLITO

É fácil caracterizar o deus Wotan como pessoa autoritária e narcisista, um modelo de homem cuja necessidade de poder e de controle domina sua personalidade e as pessoas que o cercam. Wotan, Zeus e os deuses celestes das religiões e mitologias patriarcais, todos eles seguem esse molde. Eles personificam valores patriarcais. O arquétipo Wotan-Zeus é dominante em homens que buscam e adquirem poder sobre os outros.

Entretanto, há outras facetas do caráter de Wotan, personificadas como Lobo, Walse e o Andarilho. Como Walse, Wotan viveu algum tempo como marido e pai humano, e seus filhos se recordam de momentos em que sentiram sua terna afeição. Como Lobo, ele ensinou o jovem filho a sobreviver na selva como caçador ou predador, deixando-o aos seus próprios cuidados quando ele se tornou capaz disso, prometendo fornecer uma espada quando ele tivesse necessidade. Como o Andarilho, Wotan era uma figura solitária que fazia perguntas, observava e buscava sabedoria.

Siegmund lembra-se de que, quando o pai olhava para ele com afeição, era visto por ele como Walse, e não como Lobo. Walse também é o nome pelo qual Sieglinde se recorda de chamar o pai, a quem ela reconheceu como o velho vestido de cinza. Na sua busca do poder, Wotan abandonou os filhos. Como Walse, ele era capaz de amá-los genuinamente, o que era sentido por eles. Os filhos de homens ambiciosos têm com frequência lembranças como essas, de épocas de amor e proximidade em que o pai estava presente, e de uma sensação de abandono e de esquecimento, quando o pai foi tomado pela ideia de "ser Wotan".

Wotan tem capacidade de introspecção e de arrependimento. Quando revela a Brunnhilde seus pensamentos, ele fala que adquiriu poder, fala do preço que pagou por ele e de sua experiência com o amor. Conta-lhe que teve sua parcela de prazeres juvenis e que, quando estes arrefeceram, ele "ansiou por poder". Movido por esse desejo, ele foi extraordinariamente bem-sucedido. Como diz o próprio Wotan: "Eu conquistei o mundo".

O poder sobre o mundo que ele conquistou é garantido por tratados habilidosamente feitos. Wotan sabe que agiu errado para conseguir poder e que, nos meios que usou, estão contidas sementes do mal. O poder não lhe dá paz nem segurança, e "o anseio amoroso não me deixa".

Wotan sentiu o amor como desejo e prazer e por ele correu riscos. Quando cortejou e conquistou Fricka, era capaz de perder o olho bom por ela. Mais tarde, para tristeza de Fricka, ele traiu esse amor. Wotan sentiu amor paternal por Siegmund e Sieglinde, mas veio a abandoná-los à própria sorte. Amava a filha Brunnhilde, mas voltou-se contra ela, tomado pela raiva.

Embora o conflito entre o poder e o amor seja o tema mais forte da psique de Wotan e de *O Anel dos Nibelungos*, o deus também buscou a sabedoria. Em *O Ouro do Reno*, Erda sai das profundezas rochosas e surge nas montanhas para aconselhá-lo a desistir do anel e para prever a queda dos deuses. Wotan ouve sua recomendação e entrega o anel. Ele reconhece a autoridade da sabedoria e deseja saber mais. Wotan conta a Brunnhilde o impacto que Erda tivera sobre ele: "Quando lhe pedi para prosseguir, ela desapareceu; em silêncio, ela saiu das minhas vistas. E perdi toda a minha alegria na vida; meu único desejo era aprender".

Wotan busca o amor e a sabedoria, bem como o poder; mas, repetidas vezes, este último vence e contamina ou subordina o amor ou a sabedoria que ele sente ou procura.

Amor e sabedoria ou poder? Trata-se de opções fundamentais que todos enfrentam e fazem no curso da vida, tal como Wotan. Vamos fazendo escolha após escolha, e cada uma delas causa um efeito sobre o que somos no processo do vir-a-ser, que é a nossa história interior.

A FILHA CORAJOSA COMO FIGURA DO HERÓI E DA ANIMA

No libreto de *O Anel dos Nibelungos*, Brunnhilde é bem diferente da imagem caricatural que temos dela. Seu nome evoca sopranos alemãs opulentas de meia-idade usando elmos com chifres. Quando a conhecemos em *A Valquíria*, ela é uma jovem ativa e bela, a menina dos olhos do pai, uma filha que pensa como ele e o considera maravilhoso.

Eis que o reino de sentimentos de Siegmund e Sieglinde penetra no mundo antes circunscrito de Brunnhilde. Ela fora uma deusa virgem emocionalmente distante e invulnerável. Ao testemunhar o amor e o sofrimento deles, ela toma consciência da compaixão, da paixão, da devoção, da lealdade, do pesar, da loucura e do autossacrifício de que os seres humanos são capazes. Brunnhilde simpatiza com Siegmund, é levada a ser misericordiosa e toma uma decisão contrária à ordem do pai. Como ele a advertiu da fúria que ela desencadearia caso desobedecesse, esse é um ato de coragem; mas o custo dessa desobediência só ficará horrivelmente evidente mais tarde.

Wotan diz que quisera criar um "herói livre", desesperando-se porque só consegue gerar escravos. Ele não percebe que Brunnhilde tornou-se uma heroína livre ao agir à sua própria maneira, com coragem e determinação.

Toda filha do pai tem um potencial "conflito com Wotan", a não ser que sufoque por inteiro todos os pensamentos, sentimentos ou opções pessoais. O "conflito com Wotan" também ocorre interiormente, pois ela tem de se haver com as expectativas, opiniões e valores do pai (ou do patriarcado) que interiorizou. A individuação – o processo de vir-a-ser uma pessoa autêntica, fiel a si mesma, e de crescimento na direção do *Self* (que torna a vida espiritualmente significativa) – requer que o homem ou a mulher dialoguem com Wotan, símbolo das expectativas externas, e se diferenciem dele ao rejeitar o medo e o poder como princípios predominantes na motivação da escolha e da ação.

A Brunnhilde que se opõe à vontade de Wotan também pode representar o crescimento do aspecto feminino de um homem, um símbolo da sua alma ou Anima. A Anima influencia o homem a ser fiel àqueles a quem ama e leal aos que o amam e dele dependem; ela coloca a compaixão antes de princípios abstratos ou da obediência à autoridade. Como figura interior, "ela" põe o homem em conflito com o seu "Wotan".

A história interior de cada um de nós contém em algum lugar Wotan e Brunnhilde. Vejo que os mitos nos ajudam a identificar nossas vozes interiores, assim como as tensões existentes entre elas. Na jornada da nossa própria alma, é importante a voz que ouvimos. Wotan faz Brunnhilde dormir; é isso que acontece na vida interior das pessoas reais se, na sua obediência à autoridade ou em sua obsessão pelo poder, elas ficam desprovidas de compaixão e de misericórdia.

A Valquíria nos diz algo acerca da batalha e do sofrimento da alma, sobre como evoluímos psicologicamente mediante experiências que nos transformam. Tal como as personagens do *Anel*, não podemos controlar os eventos nem fazer as pessoas nos amarem como queremos ser amados. O que fazemos quando "as coisas são o que são" é o desafio que a vida nos apresenta: se crescemos no nível anímico por meio das opções que fazemos ou somos limitados pelo que fazemos. "Quem" nos tornamos como resultado da nossa resposta à vida constitui a história interior de todos.

SIEGFRIED mata o dragão. Em termos psicológicos, a luta com o dragão equivale a uma batalha com algo que é destrutivo para nós. Mesmo quando o dragão parece ser uma pessoa real ou o vício ou apego, o herói tem de derrotar a suscetibilidade de ser superado por isso.

PERSONAGENS

Siegfried: filho órfão de Siegmund e Sieglinde; foi criado por Mime, que ignorava sua ascendência.

Mime: o anão e pai postiço de Siegfried, irmão de Alberich.

O Andarilho: Wotan, o principal deus do panteão, disfarçado como um velho que usa um chapéu de abas bem largas que lhe recobrem o olho cego.

Alberich: o anão que forjou o anel dos nibelungos e é obsedado pela ideia de recuperá-lo.

Fafner: o dragão que guarda o tesouro dos nibelungos, que inclui o anel e o Elmo de Tarn; ele um dia foi gigante, tendo assassinado o irmão, Fasolt, para conseguir o anel; com o Elmo de Tarn, ele se transformou em dragão.

Erda: deusa da sabedoria que reside nas profundezas da Terra e mãe de Brunnhilde.

Brunnhilde: a Valquíria, filha de Wotan e de Erda, a quem Wotan puniu pela sua desobediência.

O pássaro: o informante e guia de Siegfried.

CAPÍTULO 3

SIEGFRIED

O HERÓI COMO CRIANÇA ADULTA

A HISTÓRIA

Siegfried é o personagem principal da terceira ópera do ciclo. Desde os eventos de *A Valquíria*, pelo menos vinte anos se passaram. Siegfried, filho de Siegmund e Sieglinde, é um adulto. Siegmund foi morto na luta com Hunding depois que sua espada Notung acabou despedaçada pela lança de Wotan. Sieglinde, salva por Brunnhilde, se escondeu. Ela morreu ao dar à luz, assistida apenas pelo anão Mime, que a encontrou chorando na floresta e a levou para a sua caverna. (Mime é o irmão maltratado de Alberich, de *O Ouro do Reno*.) Punida por Wotan pela desobediência, Brunnhilde permaneceu adormecida esses anos todos numa montanha cercada de fogo.

SIEGFRIED E MIME

Mime está sozinho em sua caverna, que é a sua oficina e o seu lar. Ele forjou uma enorme espada e está murmurando consigo mesmo, queixando-se do trabalho de fazer espadas dignas de um gigante apenas para ver "um Siegfried insolente rir e parti-la em duas como se eu lhe tivesse feito um brinquedo". Mime está abatido porque não tem a habilidade de forjar os fragmentos de Notung. A ambição de Mime é forjar uma espada com a qual Siegfried possa matar Fafner, o dragão, de modo que "o anel dos nibelungos venha parar nas minhas mãos".

Precedido pelo som de sua trombeta, Siegfried entra na caverna, trazendo um enorme urso preso a uma corda com a intenção de assustar Mime. Ele consegue. O anão corre para trás da forja cheio de medo, e Siegfried ri com a situação. Nossa primeira impressão de Siegfried é a de um grande garoto travesso no corpo de um homem crescido, que se diverte em aterrorizar Mime, a quem considera um "ferreiro preguiçoso". Siegfried quer que Mime faça uma espada para ele e diz que trouxe o urso para ensiná-lo a se apressar. Quando Mime lhe diz que acabou de fazer uma, Siegfried desamarra o urso, bate com a corda em suas ancas, fazendo-o disparar floresta adentro.

Depois que o urso se vai, Siegfried senta e controla a risada; Mime sai do seu esconderijo e lhe passa ansioso a espada recém-forjada, que Siegfried arrebata. Ele olha para a espada e diz, com desdém: "Um frágil alfinete! Chamas a isto de espada?", batendo-a na bigorna. A espada se faz em pedaços. Mime tenta fugir dele, aterrorizado, enquanto Siegfried, furioso, o chama de "velho anão titubeante", dizendo-lhe que devia ter quebrado a arma na sua cabeça.

Mime continua solícito e responde a esse abuso falando a Siegfried de sua ingratidão, especialmente porque Mime "o ama muito". Siegfried lhe dá as costas, recusando-se a ouvir. Ignorado, Mime traz para Siegfried alguma comida e se aproxima dele, dizendo: "É de comida que precisas. Prova essa carne que assei; ou preferes esta sopa? Fiz as duas para ti". Sem nem mesmo se virar, Siegfried derruba a tigela e a carne das mãos de Mime. Diante disso, o anão se lamenta por tudo o que fez por Siegfried, por estar acabado, lamuriando-se de que tudo o que recebe em troca é desdém e ódio.

Siegfried vira-se para encarar Mime e lhe diz que não consegue olhar para ele porque "vejo que és malévolo em tudo o que fazes". Siegfried vai perambular pela floresta, tentando evitar Mime, mas acaba voltando. Ele pergunta: "O que me faz retornar? Se és tão sábio, dize-me".

Mime insiste que é porque Siegfried na verdade o ama, que Mime é para ele aquilo que "os pássaros mães são para as avezinhas". Isso leva Siegfried a recordar: "Os pássaros cantavam tão docemente na primavera, e seu canto era amoroso e terno; e tu replicaste, quando te perguntei por quê, que eles eram mães e pais. Eles chilreavam com muita doçura e nunca se apartavam um do outro. Eles construíam ninhos e chocavam dentro deles e, em breve, pequenas avezinhas piavam ali. Os pais cuidavam da ninhada. E, aqui na floresta, os cervos estavam aos pares, bem como as raposas e os lobos selvagens. A comida era levada para a toca pelo pai; a mãe amamentava os pequeninos. Aprendi com eles o que o amor deve ser. Tu tens de me dizer, Mime, onde está a tua querida esposinha. Onde está a minha mãe, dize-me".

Mime nega que esses exemplos sirvam para Siegfried: "Sou tua mãe e teu pai numa só pessoa".

Siegfried diz a Mime que ele mente: "Todos os filhos são como os pais. Eu sei porque vi com os meus próprios olhos". Um dia, conta Siegfried, ele viu seu próprio reflexo num regato. "Vi o meu rosto, e ele não era como o teu, não parecia nem um pouco – não mais do que um sapo lembra um peixe. Nenhum peixe tem um sapo por pai!" Mime responde que essa comparação é estúpida e absurda.

Siegfried tem procurado a verdade e chegou a muitas conclusões, incluindo a razão por que retorna: para descobrir a verdade de sua ascendência, que só Mime pode revelar. Vendo que o raciocínio e os argumentos de Mime não funcionam, Siegfried pega-o pela garganta e diz: "Tenho de forçar-te a me dizer! A gentileza é perda de tempo contigo. Só vais responder se eu te golpear".

Com as mãos apertando Mime, Siegfried exige saber: "Quem são meu pai e minha mãe?". A verdade surge aos pedaços. Mime mostra-se humilde e servil enquanto Siegfried o pressiona a dar os detalhes, o que o anão faz com certa inveja. Ele diz a Siegfried que sua mãe, Sieglinde, morreu ao dar à luz e que foi ela quem escolheu seu nome. Mime, contudo, afirma não saber o nome do pai dele, mas apenas que ele morreu em batalha. Quando Siegfried exige alguma prova para acreditar na história, Mime lhe traz os fragmentos da espada do seu pai, Notung.

Siegfried ordena a Mime que lhe faça uma espada nesse mesmo dia e sai. Ele não sabe que o anão não é capaz de realizar essa tarefa; do contrário, ele a teria feito há muito tempo. Além disso, Mime está encurralado. Não pode fazer a única espada capaz de matar o dragão que possui o anel dos nibelungos e agora, mesmo que pudesse forjá-la, Siegfried a tomaria e partiria. Como poderá Mime conseguir o anel do poder que tanto cobiça se necessita de Siegfried e de Notung para fazer isso por ele?

WOTAN, O ANDARILHO, E MIME

Mime está na sua oficina, tristonho e desiludido, quando chega um velho homem, usando um longo casaco e um chapéu de abas largas que pende sobre um dos olhos, e trazendo uma lança que usa como cajado. É Wotan, em seu disfarce de "Andarilho". Embora Mime não queira saber dele, Wotan o faz conversar, apostando sua cabeça em como pode responder a três perguntas de qualquer tipo. O anão perde a oportunidade ao perguntar coisas cuja resposta já sabe. Uma dessas respostas é psicologicamente reveladora: interrogado sobre quem rege as alturas, o Andarilho replica "Alberich Luminoso, Wotan", reconhecendo assim semelhança entre si mesmo e Alberich.

Depois de responder, Wotan lembra Mime que a lei exige que o anão faça o mesmo e também arrisque a própria cabeça. O deus pergunta sobre a ascendência de Siegfried e o nome da espada do pai dele, informações que Mime dá. Então Wotan pergunta algo que o próprio anão quer saber: "Que mãos podem tornar novos esses fragmentos – quem vai forjar Notung?".

O próprio Wotan responde, na forma de um enigma: "Alguém que nunca conheceu o medo".

SIEGFRIED FORJA SUA ESPADA

Siegfried volta, esperando que, a essa altura, Mime tenha forjado a sua espada; contudo, encontra-o agachado sob a bigorna. Mime pensara que Fafner, o dragão, se lançara sobre ele. Siegfried ri do anão, divertindo-se muito. "O que estás fazendo aí? Estavas amolando a minha espada?". Saindo do esconderijo, Mime diz: "A espada? A espada? Como posso forjá-la? Ela só pode ser feita por quem nunca soube o que é o medo – como poderia eu fazer isso?".

Esses pensamentos levam Mime a ponderar em voz alta sobre sua incapacidade de ensinar o medo a Siegfried. Ele tenta persuadir este último de que o medo é algo que precisa aprender. Para o rapaz, o conceito é tão estranho que ele pergunta: "É uma habilidade, um ofício? Fala e ensina-me o que é o medo!". Mime lhe diz que é fácil aprender; Fafner pode ensinar.

Quando o anão confessa que não pode refazer Notung, Siegfried lhe pede os fragmentos da espada e diz que ele mesmo vai forjar a espada do pai. O herói aumenta bastante o fogo na forja e começa a transformar os fragmentos em estilhaços. Mime lhe diz que ele está fazendo tudo errado, que deveria usar a solda quente. Contudo, Siegfried continua a partir os fragmentos, dizendo que não quer "uma espada emendada". Ele trabalha com os foles, aumentando o calor. Dissolve os pedaços, derrama num molde o aço amolecido, mergulha o molde na água, tira o aço do molde e martela-o e molda-o na bigorna. Enquanto isso, canta uma canção sobre Notung como a espada de que necessita – lembrando-nos de que foi assim que seu pai, Siegmund, um dia a viu.

Nesse meio-tempo, Mime pensa, ansioso. Ele vê a espada sendo forjada e antecipa que Fafner vai ser morto "e o ouro e o anel, passados para o rapaz". Por meio da astúcia e da inteligência, ele está determinado a conseguir o anel para si, e imagina uma trama criminosa. Mime se dá conta de que Siegfried estará sedento depois da luta. Na bebida destinada a satisfazer sua sede, o anão vai lhe dar uma poção que o fará dormir e, quando o herói estiver dormindo, Mime vai tomar da espada e "simplesmente cortar-lhe a cabeça"; então, tomará posse do anel e do ouro.

SIEGFRIED MATA O DRAGÃO

Fora da toca de Fafner, nas profundezas da floresta, ocultos pelas trevas da noite, Alberich e Wotan se encontram. Alberich espreita ali porque o anel que forjou e cobiça está lá dentro, guardado por Fafner. É também o anel que atrai Wotan (disfarçado de Andarilho) para o lugar. O deus deseja o anel para si, mas a possibilidade de que Alberich possa um dia recuperá-lo também é uma obsessão. Tal como Mime, Alberich carece do poder para matar o dragão, enquanto Wotan está impedido de fazê-lo por causa do acordo firmado com Fafner e Fasolt. Alberich o lembra de que, se o fizer, a lança com que rege, e na qual está gravado o acordo, "se partirá como palha". Alberich, Mime e Wotan precisam que outra pessoa mate o dragão para colocarem as mãos no anel.

Wotan diz a Alberich que Mime está a caminho da caverna do dragão, conduzindo Siegfried, que vai matar a fera. Ele adverte

Alberich que se acautele de Mime e parte. Alberich se esconde numa fenda do rochedo para vigiar e esperar.

Ao alvorecer, chegam Mime e Siegfried. Este último acompanha o anão até a toca de Fafner para aprender o que é o medo. Agora, Mime relaciona o que há para se temer no dragão: ele diz a Siegfried que Fafner é muito grande, que pode engoli-lo por inteiro, que uma espuma venenosa sai de sua boca, que sua cauda escamosa funciona como um chicote e que, se apanhar Siegfried, essa cauda vai partir-lhe todos os ossos. Esses perigos não assustam nem um pouco Siegfried. Suas únicas preocupações são: "Fafner tem um coração? Ele está localizado no lugar habitual?". Como a resposta é sim, Siegfried diz a Mime que vai matar Fafner e ordena ao anão que desapareça da sua frente. Mime parte, desejando, de si para si, que Fafner e Siegfried matem-se um ao outro.

Siegfried se espreguiça debaixo de uma árvore deliciando-se por estar sozinho na floresta. Diz para si mesmo, referindo-se a Mime: "Então ele não é meu pai; esse pensamento enche o meu coração de alegria!". O herói ouve os sons murmurantes da floresta e mergulha num devaneio, pensando no pai e na mãe. E conclui que o pai deve ter sido parecido com ele, mas sequer consegue imaginar a mãe. "Como este filho anseia por ver sua mãe!"

Enquanto jaz sob a árvore, absorto em pensamentos, Siegfried percebe que o trinado dos pássaros se torna cada vez mais alto e mais belo. Desejoso de compreender o que eles dizem, ele corta um caniço para ver se pode imitar a música. Não consegue, e resolve tocar algumas coisas para os pássaros com a sua trompa, fazendo uma pausa depois de cada nota, sustentada longamente, para ver se há uma resposta. A trompa desperta Fafner, que sai da toca e faz um ruído semelhante a um altíssimo bocejo.

Embora espantado com a visão do enorme dragão escamoso, Siegfried não sente medo. Fafner percebe a sua presença e pergunta: "Quem está aí?". O fato de a enorme besta falar é uma surpresa. Siegfried lhe pergunta se Fafner pode lhe ensinar o que é o medo. O dragão está mais disposto a comê-lo do que a conversar, razão por que avança na direção de Siegfried pensando em café da manhã. O herói empunha a espada, foge da cauda chicoteante e do veneno mortal de Fafner, e o fere. Com isso, o dragão ruge é se empina, expondo o peito, o que permite a Siegfried enterrar-lhe Notung profundamente no coração, infligindo-lhe um golpe mortal. À morte, o dragão diz a Siegfried: "Fafner, o último gigante, tomba nas mãos de um menino!".

Quando Siegfried retira a espada do corpo morto, um pouco do sangue do dragão cai em suas mãos, provocando ardor. Ao levantar a mão até a boca para aliviá-la, ele prova o sangue e se torna de imediato capaz de entender a linguagem dos pássaros. Um pássaro canta para ele e lhe conta sobre o tesouro nibelungo que está na caverna, sobre o Elmo de Tarn, cuja magia vai lhe servir, e sobre o anel, que fará dele o senhor do mundo. O rapaz agradece ao pássaro pela informação e entra na caverna de Fafner para pegar o tesouro.

Assim que Siegfried está fora de vista, Mime retorna sorrateiramente. Verifica se Fafner está morto mesmo e, com a maior cautela, avança na direção da toca. Nesse momento, Alberich surge do meio das rochas e se apressa a impedir a passagem de Mime. Os dois trocam impropérios e lutam para saber quem vai pegar o anel. Mime diz que merece o anel como pagamento pelos anos de escravidão durante os quais criou Siegfried. Alberich desdenha isso violentamente; ele sequer vai considerar a possibilidade de dividir o tesouro com Mime. Ele quer tudo; não vai sobrar nada para o irmão: "Nem uma migalha, nem uma cabeça de alfinete". Isso deixa Mime furioso, e ele ameaça Alberich, dizendo que vai colocar Siegfried contra ele. "É melhor dar meia-volta", sugere Alberich, pois vê Siegfried vindo e, para sua grande tristeza, trazendo o Elmo e o anel.

Siegfried olha seus prêmios pensativo, sem saber como usá-los. Para ele, não passam de belos troféus, uma prova de que ele matou o dragão. Tendo isso em mente, põe o anel no dedo e pendura o Elmo de Tarn no cinto. O pássaro volta a cantar. Adverte o herói para ter cuidado com o anão traiçoeiro, dizendo-lhe que, se ouvir com atenção quando Mime falar, graças ao sangue do dragão, Siegfried poderá compreender o verdadeiro sentido das palavras do anão; o ato de provar o sangue de Fafner o "fez sábio".

Mime aparece arrastando-se no momento oportuno. Observa Siegfried e decide ser duplamente ardiloso com ele, usando da mais perfeita adulação. O anão se aproxima do rapaz e os dois começam a conversar. Cheio de musicalidade, Mime canta com afeição e ternura; mas Siegfried, o tempo inteiro, percebe a verdade: que Siegfried "nunca foi difícil de enganar", que Mime o odeia e aos seus, e que "o amor nunca esteve presente nos cuidados da tua criação".

A voz de Mime é afetuosa; suas intenções, malévolas. O anão tenta convencer Siegfried a aceitar uma bebida – uma única gota dela fará Siegfried dormir, permitindo que Mime roube o anel e o Elmo. Depois disso, ele vai decapitar o rapaz. Quando Mime põe a bebida envenenada num recipiente e a oferece a Siegfried, este ergue a espada e o mata.

Siegfried joga o corpo do anão na caverna de Fafner. Então, com grande esforço, bloqueia a entrada da toca com o corpo do dragão. Afogueado pelo esforço, ele busca a sombra protetora da árvore. Deita-se e fica olhando os ramos, onde vê o pássaro outra vez: "Voltaste, caro pássaro; não fugiste depois da luta?". Acima de si, vê aquele pássaro, com seus irmãos e irmãs, chilreando e se movimentando, cercando-o de risos e amor. O rapaz compara sua triste sina com a deles: ele está sozinho, sem irmãos nem irmãs; nunca conheceu os pais e agora matou "um anão detestável", que era, contudo, a sua única companhia.

"Caríssimo passarinho, podes ser meu guia? Podes me dizer onde encontro um amigo?", ele pergunta ao pássaro que o aconselhara tão bem. Siegfried ouve a voz desse pássaro dizendo-lhe que, agora que está livre do maldito anão, ele "deve despertar sua gloriosa noiva: no alto da montanha ela dorme, guardada por ameaçadoras chamas". Siegfried fica sabendo que quem despertar a donzela Brunnhilde a terá por noiva e que quem quiser cruzar as chamas "tem de desconhecer o medo".

Ouvindo isso, Siegfried pensa alto: "Um jovem tolo que não conhece o medo? Meu caro pássaro, ora essa, sou eu!". O pássaro voeja em círculos acima dele e, hesitante, se afasta. Siegfried, percebendo que ele quer que o siga, exclama: "Tu me guias; para onde fores, irei!".

WOTAN E ERDA

A cena muda. É uma noite tempestuosa, e o céu está cheio de raios e trovões. Wotan, no seu disfarce de Andarilho, foi tirar Erda da Terra e do seu sono profundo. Ela surge como uma figura misteriosa de quem emana uma luz azulada. Erda vem se perguntando quem a perturba e por quê. No seu sono, ela sonha; em seus sonhos, medita; de sua meditação vem toda a sabedoria que tem. Enquanto ela dorme, as três Nornas estão acordadas, tecendo tudo o que ela sabe em seu fio.

Wotan a acorda buscando sabedoria e conselho. Por que não consultar as Nornas em vez dela – é a resposta de Erda. Elas tecem "tudo o que sei". "Elas fiam o que lhes dizes, mas não podem mudar este mundo com a sua tecedura", replica Wotan. Ele quer saber como parar "a roda em giro incessante", se é que os eventos que ele desencadeou podem ser interrompidos.

A deusa da Terra lhe diz que a sua sabedoria ficou ofuscada desde que ele a conquistou. Wotan deveria perguntar a Brunnhilde. "Ela é valente e também sábia; assim, por que me despertar? Vais saber a resposta de tua filha." Quando ele explica que não pode fazê-lo porque Brunnhilde dorme numa rocha como castigo por desobedecer-lhe e que o orgulho foi a razão por que ela o desafiou, Erda fica em silêncio por longo tempo. Ao falar, faz perguntas penetrantes e atrevidas: "Como pode o mestre do orgulho puni-lo? Como pode quem provocou a ação punir a façanha? Como pode aquele que rege pelo direito, para quem a verdade é sagrada, desdenhar o que é certo e reger pela falsidade?".

A deusa quer voltar a dormir, mas Wotan a impede. Ele a culpa pelo seu "temor da ruína e vergonhosa queda", que atribui às palavras de advertência e de profecia por ela proferidas. Wotan deseja que ela lhe diga como controlar suas ansiedades, "como um deus pode dominar seus cuidados".

Erda nem admite a culpa por essa acusação nem diz a Wotan como deve agir. Em vez disso, diz-lhe que ele não é o que afirma ser. Ele replica que ela também já não é a mesma sonhadora sábia. Os dois estão certos. Os deuses deixaram de ser o que eram; sua época está passando. Antes, Wotan vivia angustiado com a perspectiva de perder seu poder sobre o mundo e amargurado por isso. Agora, diz a Erda que o entrega a Siegfried, que tem o anel, e a Brunnhilde, a quem Siegfried vai despertar com um beijo. Erda pode voltar ao seu sono interminável e ao seu sonho da destruição dos deuses, pois ele entregará com prazer o domínio ao jovem.

SIEGFRIED ENCONTRA WOTAN

Erda desapareceu, e Wotan, o Andarilho, está sozinho; nesse momento, Siegfried dá com ele. O pássaro que o conduziu tão longe viu Wotan, ficou alarmado e fugiu. Siegfried está determinado a seguir "a trilha que o meu pássaro indicou", mas agora terá de descobri-la por si mesmo. Wotan o vê olhando de um lado para o outro e pergunta: "Jovem homem, para onde vais?".

Siegfried diz a Wotan que procura uma donzela adormecida numa montanha cercada de fogo. O deus quer saber quem lhe disse para fazê-lo. Na conversa que se segue, Siegfried diz a

Wotan como matou o dragão, cujo sangue o fez capaz de compreender o pássaro.

Quando Wotan pergunta "Mas quem fez os fragmentos com os quais forjaste a espada?", Siegfried replica: "Ha! Como posso dizer? Só sei que a espada quebrada era inútil até que eu mesmo a forjei". Sua resposta agrada ao deus, que se diverte, sorrindo com bom humor. Siegfried, no entanto, se sente ridicularizado e lhe diz: "Velho homem, se podes ajudar-me, faze-o. Se não o podes, segura a língua!". Wotan replica: "Jovem homem, sê paciente! Se pareço velho, deverias honrar os idosos".

"Honrar os idosos!", exclama Siegfried. Ele já sofrera bastante com o velho Mime, de quem agora está livre, e vem outro velho se colocar no seu caminho. "Se me obstruíres a passagem terás a sina de Mime", ameaça ele. O herói aproxima-se de Wotan, o que é um gesto de intimidação, faz um comentário insolente sobre a sua aparência estranha e diz que quer saber por que ele usa um chapéu tão grande. Ao perceber que o chapéu cobre um olho perdido, Siegfried diz: "Com certeza, alguém o tirou quando tu impediste sua passagem. Some da minha frente ou podes perder o outro também".

O deus adverte Siegfried para ter cuidado, afirmando que ele é tão cego quanto o olho perdido. O rapaz ri rudemente, demonstrando impaciência. Diz que Wotan é "um velho tolo" e exige que ele lhe mostre a trilha: "Fala ou te tirarei do caminho".

"Se soubesses quem sou, poupar-me-ias do teu desdém", replica Wotan. Ele dá indicações sobre quem é e alerta Siegfried para não despertar a sua ira, pois isso poderia ser a ruína dos dois. Tudo isso entra por um ouvido e sai pelo outro; para Siegfried, Wotan não passa de um velho tagarela que ainda não respondeu à sua pergunta. E Siegfried é um jovem impetuoso e insensível, sem modos nem respeito ao tratar com Wotan. Ele diz ao deus: "Fora do meu caminho, velho tolo cabeçudo!". Ele decidira encontrar sozinho o caminho que leva à donzela adormecida.

Wotan está cansado de ser conciliador e de receber insolência em troca. Está irritado. Diz ao herói que o pássaro fugiu para salvar a vida, pois o reconheceu como o regente dos corvos. Afirmando sua autoridade, diz a Siegfried: "Não darás nem mais um passo na trilha que o pássaro te mostrou!".

Siegfried está espantado, mas não intimidado: "Ho! Ho! Ho! Então vais me impedir! Quem és tu para dizer que não posso prosseguir?!", ele pergunta, desafiador. O deus lhe diz que foi ele quem pôs a donzela para dormir e a cercou com um mar de fogo. Informa ainda que o homem que puder enfrentar as chamas, despertá-la e obtê-la para si "me tornará para sempre impotente!". Para barrar a passagem de Siegfried e demonstrar seu poder, Wotan aponta a lança para as montanhas lá em cima; esse gesto faz o fogo aumentar, produz relâmpagos e leva nuvens ígneas a rolar na direção dos dois, movendo-se como um dilúvio faiscante de chamas.

Em vez de recuar, como esperava Wotan, Siegfried, que não teme o fogo, avança. O fogo lhe mostra onde está Brunnhilde; seja como for, Wotan mostra-lhe o caminho. As altas chamas não incomodam Siegfried nem lhe ensinam a respeitar o poder de Wotan.

O deus, que não tem nenhum prazer em entregar o cetro ao jovem, ao contrário do que disse a Erda, usa a lança para impedi-lo de seguir. "A espada que portas foi quebrada por este bastão, e vou fazê-lo outra vez!"

Ao ouvir isso, Siegfried empunha a espada, dizendo: "Então o inimigo do meu pai me enfrenta aqui? Doce é a vingança que o destino me oferece. Vibra tua lança e verás minha espada parti-la!".

Com um golpe, Siegfried quebra a lança em duas. Raios e trovões cortam o ar e desaparecem. Wotan, dominado, apanha os pedaços da lança e diz a Siegfried: "Passa, não posso impedir-te!". E desaparece na escuridão.

A atenção de Siegfried é atraída pelas nuvens ígneas que rolam montanha abaixo. Destemido, ele as considera o caminho que leva a Brunnhilde. Levantando a trompa, toca a sua música; então mergulha nas chamas para encontrá-la e acordá-la.

SIEGFRIED DESPERTA BRUNNHILDE

Tendo vencido a encosta e alcançado o topo, Siegfried olha ao redor maravilhado. Primeiro vê um cavalo mágico em sono profundo perto de alguns pinheiros, na orla da clareira; em seguida, seu olhar se dirige para o reflexo do sol numa armadura reluzente, para uma figura adormecida coberta por um enorme escudo. Ele remove este último e vê Brunnhilde, com a cabeça coberta pelo elmo e o corpo protegido pela armadura. O herói supõe estar olhando para um homem, mas vê que o seu "coração sofre estranho descompasso". Com cuidado, folga o elmo e o retira. Os belos e longos cabelos cacheados de Brunnhilde caem, emoldurando-lhe a face adormecida.

Siegfried, ainda pensando tratar-se de um homem, remove a armadura, arrancando os prendedores da malha para tirar o peitoral. Ele o levanta e vê o corpo escultural de Brunnhilde, a primeira mulher sobre a qual pôs os olhos, o que tem um efeito surpreendente. Sente-se sob o efeito de um encantamento; há um sentimento de ardor em seu peito; ele sente um aperto no coração. Siegfried diz: "Mãe, Mãe, ajuda-me!".

As formas de Brunnhilde agitam Siegfried, que sente angústia e anseio. Ele cai sobre o seu peito, olha-a, levanta-se e imagina se aquilo é o medo, chama outra vez pela mãe e por fim decide beijar a valquíria.

Brunnhilde é despertada pelo beijo de Siegfried; lentamente, ela se senta e olha ao redor. Saúda a luz do sol e o céu, que está vendo pela primeira vez depois do seu longo sono, antes de perguntar: "Quem é o homem que me desperta para a vida?".

Siegfried, profundamente comovido, diz-lhe que foi ele quem a despertou. Os dois cantam em êxtase o júbilo e a bênção que sentem ao contemplar a radiância um do outro, os dois se deleitando com o olhar enlevado do outro. Quando Brunnhilde lhe diz que sempre o amou e que o protegeu no ventre de Sieglinde, Siegfried pensa por um momento que ela é, na verdade, a sua mãe. A valquíria o chama ternamente de criança inocente e lhe diz que ele nunca vai contemplar a mãe, "mas nós somos um só ser, se me garantes o teu amor". Siegfried fica confuso com as suas palavras e temeroso do seu anseio por ela.

Embora Brunnhilde saiba quem ele é e o que levou a esse momento, Siegfried nada sabe sobre ela. A valquíria aponta para o seu cavalo sagrado, Grane, que despertou do seu sono encantado quando ela acordou, e fala de suas armas e de sua armadura, com as quais protegeu heróis. Enquanto Brunnhilde relembra o passado com tristeza, cresce o ardor de Siegfried. Ele se dá conta de que, como a despertou, ela é a sua noiva.

Agora é a vez de Brunnhilde sentir medo. Ela está sem a sua armadura e fica horrorizada com o que vai significar a perda de sua virgindade: ela ficará "maculada" e não será Brunnhilde. A valquíria quer que Siegfried se afaste, que não se aproxime dela com o furor da paixão. Ela o recorda de que ele um dia viu seu próprio reflexo no regato reluzente e diz que ele agora se vê refletido nela, mas que "quando aquela água for agitada por uma onda, o reflexo sorridente se partirá e desaparecerá". Pedindo-lhe para amar a si mesmo e deixá-la em paz, Brunnhilde implora: "Não destruas esta donzela que te pertence!".

"Ardendo, anseio por essas águas refrescantes", responde Siegfried. Ele diz a Brunnhilde que deseja "mergulhar no regato – se ao menos as ondas pudessem engolfar-me para sempre". Em sua paixão, ele fica eloquente e a abraça. Ela responde: "Um fogo é agitado; podes não senti-lo?". Nesse instante de encantamento mútuo, o temor de Siegfried fenece, e Brunnhilde jubilosamente profetiza o que a sua união vai produzir: o Valhalla virará pó, a era dos deuses terminará, a corda do destino será cortada e ela viverá à luz da brilhante estrela de Siegfried. Ele será a sua alegria, a sua riqueza, o seu mundo. Siegfried, por sua vez, diz-lhe que ela é a sua alegria, a sua riqueza, o seu mundo, o seu tudo. Eles estão exultantes. Trocando juras de amor, os dois terminam com as palavras: "Luz do nosso amor; risos diante da morte!".

O HERÓI COMO CRIANÇA ADULTA

Mime se comporta como uma mãe mártir para Siegfried, que representa o papel de uma criança adulta ingrata. O anão vê a si mesmo como um genitor altruísta e dedicado que há muito sofre, fazendo tudo por Siegfried, enquanto este é hostil e o evita tanto quanto pode. As palavras e a atitude de Mime são as de um genitor ressentido, raivoso, deprimido, que infunde culpa.

Esse genitor costuma ser a mãe, tendo uma psicologia semelhante à do anão. Tal como Mime, ela sente que não tem poder direto nem pode obter respeito dos outros ou ter uma posição no mundo por si mesma. Ela pode ter ressentimentos de um irmão ou de um marido que a maltratou (assim como Mime foi maltratado por Alberich) e que teve oportunidades de que ela não dispôs, mesmo tendo inteligência ou talentos iguais aos dele ou até maiores. Em famílias patriarcais, em que os meninos são favorecidos e educados, a injustiça e a desigualdade são a norma, o mesmo ocorrendo em famílias desajustadas em que o incesto emocional torna uma criança favorita ou em que sua escolha para bode expiatório faz outra criança ser uma vítima potencial de todos.

Quando crianças são abertamente tratadas com desigualdade ou injustiça por causa de favoritismo ou de discriminação, as objeções ou a raiva com o tratamento injusto costumam ser punidas; e aspirações de elevar-se acima de um papel inferior arbitrariamente atribuído são ridicularizadas ou descartadas. As crianças de famílias que maltratam aprendem a ser insinuantes, manipuladoras, dissimuladas e pacientes para não provocar raiva. Ser assim é uma estratégia de adaptação, como o sabem as mulheres, as minorias, os pobres, os presidiários e os homens das camadas inferiores da hierarquia. O grau de liberdade de expressão da pessoa tem que ver com a sua posição hierárquica e com o caráter e a capacidade de amar das pessoas que têm mais poder. Pensamentos e sentimentos que, se manifestos, provocariam raiva ou punição são com frequência expulsos da consciência.

Como resultado, uma mulher ou um homem desvalorizado torna-se psicologicamente deformado. Aspirações saudáveis de poder exprimir-se e autorrealizar-se ficam atrofiadas, havendo uma carência de autoestima e de autoconfiança. No caso da mulher, o Animus – o masculino interior, que Jung define como os aspectos mais tradicionalmente masculinos da personalidade, vinculados com a vontade, com a competitividade, com a afirmação, com a agressividade e com o pensamento lógico – fica atrofiado. Em termos metafóricos, passa a assemelhar-se a Mime.

A MÃE DEVORADORA

Quando sua capacidade de conseguir alguma coisa por si mesma foi reprimida e o casamento é deficiente, a mulher pode projetar suas aspirações não vividas no filho: ele vai ser o seu herói, que há de tornar-se o médico, o homem de negócios, o autor, o artista, o qualquer coisa bem-sucedido, aquele que vai conseguir posição por ela e viver sua vida não vivida. Ela também tende a recorrer a ele para atender suas necessidades emocionais de companhia, de valorização e de afeição. Suas projeções, necessidades e expectativas podem devorar a individualidade do filho, dificultando, e às vezes impossibilitando que ele saiba o que quer para si ou até o que é autenticamente seu. Ele tende a assumir a responsabilidade pela felicidade da mãe, sintonizando-se com suas necessidades. Quando isso acontece, ela se torna a mãe devoradora arquetípica que o "incorpora"; o filho passa a ser uma extensão da mãe, moldado para atender suas necessidades e suas expectativas com relação a ele.

Um assustador urso faminto, com mandíbulas enormes cheias de dentes afiados, pode ser um símbolo da mãe (ou do pai) terrível devoradora. Mime fica aterrorizado quando Siegfried leva um enorme urso para a caverna, embora o animal esteja amarrado. Sonhos sobre animais devoradores ou aranhas perigosas assolam tanto a pessoa que "devora" – ao ser intrusamente dependente, envolvendo o outro numa rede de necessidade e de culpa – como a que está sendo engolida no relacionamento – por boas razões. A pessoa que representa o papel da mãe devoradora foi "possuída" pelo arquétipo, que a avassala e, ao fazê-lo, "devora" também outros aspectos seus. Ela pode ter comprometidos seu ego observador, a boa mãe que deseja de fato o que é melhor para o filho e sabe que ele precisa realmente ser independente dela, bem como partes suas não vinculadas com a sua função maternal. Quando uma pessoa se identifica com a mãe mártir carente a ponto de se limitar a ser apenas isso, tudo nela que a faz uma pessoa ímpar é devorado, ao menos temporariamente. Quando uma mulher é subjugada por esse arquétipo, suas palavras, expressões e ações se tornam praticamente indistinguíveis das de inúmeras outras mães devoradoras ou de Mime. Qualquer pessoa suscetível a isso deveria ficar aterrorizada.

AS TRÊS TAREFAS DE SIEGFRIED

O urso surge urrando para Siegfried quando este faz soar sua trompa floresta afora. O herói, com seu destemor e sua força, põe uma corda em torno do pescoço do animal, doma-o e o leva para casa. Trata-se de um ato simbólico cujo significado se baseia naquilo que o urso representa para Siegfried. É um urso macho, temido por sua força agressiva e por seu potencial de ferocidade. Com a sua força bruta e a sua raiva, Siegfried também pode tornar-se destruidor e feroz. Ele e outros homens fisicamente fortes precisam domar e controlar sua agressividade e ser capazes de recorrer a ela apenas quando for necessário, para que eles e os outros não tenham de temer essas suas características.

Siegfried quer uma espada forte e recorre a Mime para fazê-la. Os esforços do anão malogram; as espadas que ele faz se partem. Uma boa espada é bastante afiada, mas forte; ela suporta e dá golpes sem se quebrar nem perder o gume, ela atravessa a matéria. Tradicionalmente, o homem que carrega uma espada é um cavaleiro ou guerreiro, treinado e disciplinado em termos de agressividade. Num nível simbólico, ao adquirir uma espada, o homem adquire atributos de masculinidade. Ele pode atacar e defender a si e a outros. O bom corte da lâmina relaciona-se com a capacidade de discriminar, de penetrar, de resolver problemas e sair de dificuldades, de ser decisivo e incisivo no pensamento e na ação.

O atarracado Mime tem tantas condições de fornecer uma espada a Siegfried quanto de ser um modelo de virilidade. Quando despedaça a última espada da série feita por Mime, Siegfried abandona a expectativa irreal de que o anão possa lhe dar a espada de que precisa. Só então o rapaz consegue aquilo de que necessita para fazer ele mesmo a espada. Abandonar expectativas irreais a respeito de genitores inadequados é uma importante tarefa do crescimento e da psicoterapia. Continuamos sendo "crianças adultas" até enfrentarmos a verdade da inadequação dos nossos pais e pararmos de tentar conseguir o que queremos ou precisamos de genitores que não podem ser mais do que são nem fazer mais do que fazem.

Quando dá as costas a Mime e rejeita a comida que ele oferece, Siegfried é rude, insolente e abusivo. Figuras parentais como Mime criam filhos (e, por vezes, filhas) que agem como Siegfried. Um filho mimado e idolatrado, que ouve palavras insinceras, que é manipulado e descobre que é temido, provavelmente se torna um insolente e desdenhoso "Siegfried", que pode ser descrito, em termos atuais, como "uma criança adulta malcriada".

Num nível simbólico, no entanto, Siegfried e qualquer pessoa criada por um "Mime" precisam de fato rejeitar o que representa a comida que lhes é oferecida: um amor que cria dependência ou gera culpa, um alimento ou uma bebida que impedem que se veja a realidade da situação, e palavras – de afeição a que se deve corresponder como se fossem genuínas e recíprocas, pouco importando o real sentimento que se tenha. Mas, mesmo quando a nutrição parental é dada livremente e favorece o crescimento, como é o caso do amor incondicional e da afirmação, chega o momento de deixar o lar e buscar no mundo fontes de nutrição e de crescimento. Ao deixar a casa e crescer, o indivíduo olha para a frente e avança.

Siegfried chega em casa com o urso amarrado, recusa a comida que Mime lhe oferece e forja sua própria espada depois de abandonar a expectativa de que Mime pudesse fazê-lo. A realização desses três atos significa a obtenção simbólica do controle de um potencial destrutivo que há nele mesmo; significa que ele desistiu de sua dependência de um genitor (ou genitor substituto); significa também que Siegfried se libertou da esperança de poder conseguir algo que quer de um genitor (ou genitor putativo) inadequado – descobrindo poder alcançá-lo por si mesmo. Essas três tarefas são, metaforicamente, aquilo que as crianças adultas têm de fazer para se tornarem pessoas adultas. São também as tarefas psicológicas realizadas por adultos maduros.

Com pais "bons o bastante", isso é feito com relativa facilidade, em comparação com as dificuldades e empecilhos decorrentes de crescer numa família desajustada. Um genitor que não controla seu próprio "urso forte e feroz" fere com palavras destrutivas e/ou maltrata os filhos. Quer testemunhe isso dirigido a outro membro da família ou o sofra ela mesma, a criança fica assustada e é prejudicada por isso, tendo com frequência problemas para controlar seus próprios impulsos destrutivos. Viver numa família em que a raiva e o medo estão no ar e as pessoas se sentem inseguras reforça esses impulsos. O controle é mais difícil nesse caso do que numa família em que a comunicação clara e os cuidados estão presentes, tanto por causa da intensidade dos sentimentos hostis gerados na família deficiente abusiva quanto por causa do exemplo dado pelos pais. Disso decorre a probabilidade de que uma criança maltratada venha a ser um pai que maltrata.

Quando a pessoa toma consciência do seu próprio poder e o controla (o que é uma interpretação possível do fato de Siegfried amarrar o urso), quando não teme que o outro possa infligir-lhe sérios danos e quando pode cuidar de si mesma, é hora de tratar de questões difíceis e até então negligenciadas; só nesse momento é possível enfrentar alguém como Mime, que estivera retendo informações e tinha (até então) o domínio. Siegfried o faz, recebendo fragmentos de informação acerca de sua história, "o segredo da família", bem como pedaços da espada quebrada do pai. Com isso, ele tem condições de forjar uma identidade própria e uma nova espada por si mesmo.

SIEGFRIED, O HERÓI SEM SENTIMENTOS

Siegfried é criado por Mime, que foi maltratado, explorado e não amado – em razão disso, Mime não sabe amar. Ele tenta ensinar Siegfried a amá-lo, sem amar o rapaz, o que não dá certo. Tenta ainda fazer Siegfried sentir-se culpado, o que também não funciona.

Embora não tenha aprendido a sentir, o nosso herói desenvolveu a capacidade de pensar logicamente. Ele chega a conclusões a partir de raciocínios. Descobre discrepâncias entre o que Mime lhe diz e suas observações e, armado com a lógica do seu pensamento, pode enfrentar o anão. Esse é o seu primeiro combate intelectual. Ele se prepara para isso aguçando seus pensamentos, que articula e exprime. Siegfried desvela primorosamente as mentiras de Mime, encontra pontos fracos na sua história, obtém uma vantagem e usa a força deliberadamente para conseguir as informações e os fragmentos da espada, mostrando assim seu domínio de uma espada mental.

Siegfried observa os pássaros e outros animais e chega a algumas conclusões corretas acerca dos sentimentos, mas é desprovido deles. Não pode sentir amor nem medo, duas das emoções básicas, sem as quais não pode ter empatia nem compaixão, por não poder imaginar o que outra pessoa sente no tocante às emoções. É impossível fazê-lo sentir culpa ou remorso, porque, para isso, ele antes tem de ser capaz de sentir. Siegfried ri de Mime porque este tem medo. Isso o diverte.

Sem amor e sem medo, não é preciso coragem para realizar uma façanha heroica. Siegfried nada pensa quanto a enfrentar o dragão Fafner porque não tem medo. Não lhe ocorre pensar que está em risco, pois não se dá conta da possibilidade de ser vulnerável. Ele não consegue imaginar essas coisas. Por outro lado, Mime é dominado pelo medo; sua imaginação vívida o aterroriza; ele imagina a vinda de Fafner, treme e se esconde atrás da bigorna.

Siegfried cresceu na floresta, criado tanto – se não mais – pela natureza que o cerca quanto por Mime. Nunca viu uma mulher e nunca teve ninguém a quem invejar. Se fosse obsedado pela aquisição de qualquer coisa, ele poderia, com a sua força, a sua espada e a sua falta de sentimentos, tomá-la sem remorso pelo sofrimento que isso pudesse causar aos outros; poderia ser um psicopata. Não tendo essa obsessão, ele é um jovem insensível, não educado e não socializado que descobre tudo sobre o mundo dos relacionamentos.

Tal como os casos de estudo apresentados por Alice Miller em *The Drama of the Gifted Child*, um livro cujo foco são as mães narcisistas e seus filhos inteligentes, Siegfried foi criado por uma figura parental carente e autocentrada que jamais se preocupou com seus sentimentos e necessidades. Ao depender de uma pessoa que habitualmente se afasta dela ou a pune quando ela faz ou diz coisas advindas dos seus próprios sentimentos autênticos, a criança brilhante conclui que deve esconder essas coisas; e ela o faz, muitas vezes suprimindo-as tão bem que chega à idade adulta desconhecendo seus próprios sentimentos.

Em qualquer família cujos valores sejam as aparências e a produtividade, as emoções e a capacidade de sentir na melhor das hipóteses não recebem atenção, sendo muitas vezes suprimidas. Se a inclinação inata – a tipologia psicológica da pessoa – for para o pensamento em vez de para o sentimento, o domínio deste último permanece não desenvolvido. Essa tendência é alimentada pelas expectativas colocadas nas pessoas do sexo masculino numa sociedade competitiva em que o sucesso é a medida do homem. No campo militar, no campo da política e dos negócios, a ternura é uma limitação, sendo a empatia, por conseguinte, algo que se deve esconder. A linha divisória entre o herói e o psicopata fica indistinta em alguns lugares. Ser depende tanto daquilo que se faz ou se está disposto a fazer quanto do grau necessário de dureza do coração ou de respeito ou ruptura da lei, de falta de preocupação pelas consequências disso nos outros e de falta de consideração pelo próprio eu ou do risco para esse eu.

LIBERTAÇÃO DE UMA IDENTIDADE NEGATIVA

A alegria de Siegfried ao descobrir que Mime não é o seu pai verdadeiro pode ser compreendida por qualquer membro de uma família desajustada que sentiu desprezo por um genitor ou se envergonhou dele, em especial se teve a fantasia comum que algumas crianças têm nessas circunstâncias. Quem está nessa condição sente que "essas pessoas não são os meus pais. Essa não é a minha família. Não faço parte disso". Essa fantasia ou crença está presente em muitas crianças que, quando adultas, não ficam iguais ao seus pais nem aos irmãos cuja vida é uma continuação direta da história da família desajustada, levada para a geração seguinte. Quando crianças, esses sobreviventes foram capazes de escapar de uma realidade dolorosa ou sem sentimentos, refugiando-se dentro de si mesmos. A leitura e a sua imaginação ajudaram essas crianças a crer que um dia iriam encontrar pessoas que formariam a sua "verdadeira família". Sua busca de pessoas gentis, inteligentes ou bem-sucedidas as impele a procurar no mundo amigos, famílias substitutas e mentores.

O júbilo de Siegfried ao saber que Mime não é seu parente também é análogo à experiência de libertação de uma identificação negativa. As pessoas crescem aceitando que são o que outros disseram que eram quando crianças. Na psicoterapia ou na vida, pode chegar o momento em que elas percebem que isso não é assim: elas não são estúpidas nem repelentes, nem correspondem a nenhuma crença negativa que um dia aceitaram como verdadeira a seu respeito. Tal como Siegfried, que se dá conta de não ter vínculos familiares com Mime, há contentamento quando se descobre que não se é "um nibelungo". Do mesmo modo, Siegfried ouve finalmente a verdade, o que valida a sua própria experiência. Ele cresceu ouvindo Mime dizer-lhe quanto o ama, quanto se sacrificou e sofreu por ele, quanto cuidou dele – algo que Siegfried nunca sentiu. Conseguir, por fim, que Mime lhe diga que sempre o odiou é libertador. É compensador saber que não se foi ingrato nem rude com alguém verdadeiramente amoroso. É um alívio descobrir que a desconfiança ou suspeita que se tinha estava fundada na realidade. Quando há uma discrepância entre o que uma pessoa significativa diz em palavras e aquilo que é transmitido não verbalmente pela sua expressão facial, pela sua voz e pelas suas ações ou aquilo apreendido por intuição, fica-se numa situação no mínimo confusa e que pode levar literalmente à loucura, em sua manifestação pior.

A libertação de uma identidade negativa, a descoberta da verdade ou a liberação da participação na dinâmica familiar negativa particular costumam trazer tanto alegria como tristeza. Em seu devaneio sob a árvore, Siegfried passa do júbilo ao anseio pelo amor materno que nunca teve. A criança de uma família desajustada é com frequência solitária, mas costuma ficar ainda mais quando se separa da família na idade adulta. Para tornar-se livre, a pessoa deve ser capaz de tolerar a separação, que é sempre facilitada pela meditação, pela capacidade de sintonizar-se com os pensamentos, sentimentos, sensações ou intuições interiores e de refletir sobre eles. Só então começamos a ouvir uma voz interior que pode vir a ser um bom conselheiro. É o que ocorre metaforicamente com Siegfried enquanto ele ouve os sons da floresta.

A maioria dos heróis mitológicos cresce sem pai ou sem saber que seu pai verdadeiro é um herói ou deus. Um filho que possa seguir os passos do pai em geral o faz. Quando isso é impossível porque ele rejeita o pai, foi rejeitado pelo pai ou não tem pai, o filho deve encontrar seu próprio caminho, muitas vezes guiado pela sua idealização do "pai real", que é uma imagem arquetípica. Siegfried sequer sabe o nome do pai; essa é a informação que Mime reteve até o fim.

Da mesma maneira como tem de forjar ele mesmo a espada, Siegfried também precisa ser pai de si mesmo e forjar sua própria identidade a partir de informações, circunstâncias e eventos fragmentados.

SIGNIFICADO PSICOLÓGICO DA LUTA COM O DRAGÃO

Matar um dragão que protege um tesouro é o que um herói é habitualmente chamado a fazer nos mitos e nos contos de fada.

Isso testa a sua coragem e a sua força, e realiza alguma coisa: ele liberta uma princesa, conquista um tesouro ou livra o país de uma influência maligna. Do ponto de vista psicológico, ele combate algo destrutivo que pode ameaçar a sua vida e a vida de outras pessoas; ele acaba com o poder que essa coisa tem sobre ele, liberta algo de grande valor que há no seu próprio ser, podendo então entabular um relacionamento positivo com um feminino interior e/ou com uma mulher real.

A luta contra o dragão pode ser o combate a um vício ou apego, a uma regressão, a uma depressão, a uma agressão ou a qualquer complexo destrutivo presente na psique que impeça a pessoa de crescer. Essa luta também pode ser travada com pessoas reais intimidadoras, devoradoras ou abusivas. Tanto homens como mulheres precisam forjar e aguçar uma espada mental e decidir se e quando vão lutar. Alguns dragões interiores têm de ser combatidos porque já estamos em suas garras; alguns estão se pondo no nosso caminho e impedindo-nos de crescer; outros atingem pessoas por meio de nós. Mesmo quando o dragão parece ser uma pessoa real ou uma dependência de drogas, é a suscetibilidade a ser vencida por esse tipo de pessoa ou substância que as torna perigosas. A maioria das lutas com dragões ocorre tanto dentro de nós como com qualquer coisa ou pessoa que represente o dragão no mundo.

Siegfried não mata um dragão genérico; ele mata Fafner, o dragão, que fora Fafner, o gigante. Fafner e Fasolt eram os últimos de sua raça. Eram artesãos habilidosos e irmãos que construíram o Valhalla juntos, uma tarefa que estava além das capacidades dos deuses. Fasolt tinha o coração mais aberto e era mais confiante que o irmão. Quando os gigantes receberam a promessa de ter Freya como pagamento pela construção do Valhalla, Fasolt queria que a beleza e a graça da deusa aquecessem o seu lar. Fafner, pelo contrário, reconheceu o seu grande valor de barganha, porque, sem ela, os deuses perderiam a juventude. No momento em que eles aceitaram o tesouro nibelungo como pagamento, Fafner prevaleceu.

Motivado pela ambição de riqueza e poder, Fafner mata o irmão Fasolt para ficar com tudo: o anel, o Elmo de Tarn e o ouro. Tomando posse deles, Fafner usa o Elmo para se transformar em dragão. A forma física que assume reflete o que lhe ocorreu com a alma. Sua ganância o tornou inumano, seus traços refletem o seu caráter, e ser um dragão serve ao seu único propósito na vida, que é sentar-se sobre o tesouro e guardá-lo.

Alberich amaldiçoa o anel: ele trará a morte para o seu dono, sua riqueza não dará prazer a ninguém, a preocupação vai consumir aquele que o possuir e a inveja moral tomará conta daqueles que o cobiçarem. Sua maldição é psicologicamente verdadeira; o anel obseda homens que buscam ter poder sobre os outros e deixa paranoide quem o possui.

Siegfried mata o dragão Fafner e o anão Mime. Eles representam duas possibilidades destrutivas interiores. Uma pessoa pode tornar-se um "Fafner" – um dragão avaro e desconfiado e recluso social – se tiver medo de perder a riqueza ou o poder que adquiriu. Alguém assim compraz-se com frequência em tornar os outros temerosos, pois se sente absoluto quando abusa do poder e humilha outrem. A pessoa também pode tornar-se um vicioso e servil "Mime" se tiver sido maltratado no passado e temer os que têm poder. Contudo, um Mime pode tornar-se um Fafner se estiver no comando e conseguir dominar os outros – e vice-versa.

Siegfried não teme ser devorado pelo dragão nem envenenado por Mime. Ele sequer imagina que algum deles represente um real perigo para si. Realisticamente ele enfrenta o dragão como uma coisa normal, confiando em sua força e em sua espada, com uma estratégia que, supõe corretamente, vai dar certo. Em circunstâncias nas quais matar um dragão é parte do trabalho de um dia bom, ele não pode aprender o que é o medo. Os motivos e a trama de Mime são transparentemente óbvios para Siegfried, que, com a mesma espada, se livra dessa companhia. Em termos simbólicos, ele pode ficar paranoide ou manter um relacionamento hostil-dependente apenas para ter companhia.

Em *A Valquíria*, Brunnhilde faz Sieglinde refugiar-se de Wotan na floresta perto da toca de Fafner por tratar-se de "um lugar que Wotan teme e do qual nunca se aproxima". Pensando então no motivo disso, e notando agora que Wotan podia se aproximar da toca disfarçado de Andarilho, passei a refletir sobre o medo e sobre a maneira de evitar mais apropriada, coisas que vêm do autoconhecimento. Às vezes, como ocorreu com Siegfried, é fácil matar um dragão; outras vezes, trata-se de uma luta longa e difícil. Em outras ainda, temos de evitar chegar perto do dragão, pois ele provavelmente vai nos apanhar se o fizermos. É o que acontece quando o poder de um vício ou de um complexo emocional é mais forte que a capacidade de resistência do ego, e sabemos e precisamos evitar as circunstâncias que nos põem em risco de sucumbir.

O desejo de Wotan de possuir o anel do poder tornou perigosa sua aproximação da caverna onde Fafner guardava o anel, especialmente porque Wotan não conseguia controlar seu temperamento nem seu apego ao poder. Sabendo que tomar o anel à força seria o seu fim e o fim de todos os acordos feitos por ele para trazer ordem ao mundo, e que nem isso seria capaz de detê-lo, porque duas vezes antes ele esteve perto de pagar um terrível preço pelo poder, Wotan fica bem longe da toca do dragão. Como Andarilho, o deus ainda está concentrado no anel, se bem que menos identificado com o poder, tendo assumido a aparência do velho sábio, reflexo do arquétipo não suscetível que há nele.

É útil saber qual pode ser o nosso dragão particular, para que possamos combatê-lo ou evitar a aproximação do lugar em que ele espreita. Temos de avaliar o que é esse dragão, por que é perigoso e quais os nossos medos e suscetibilidades que lhe conferem poder. Para travar com sucesso a luta com o dragão, também precisamos encontrar dentro de nós um herói com uma espada – um herói que possa pensar com clareza e ser determinado.

Ao provar o sangue do dragão, Siegfried simbolicamente assimila a si, ou integra alguma essência da experiência, que tem sobre ele um efeito transformador. Ele agora é capaz de ouvir de forma distinta o que o pássaro lhe diz e de agir segundo a informação que recebe. Siegfried também consegue perceber a verdade oculta sob falsas palavras. Na vida isso também acontece. Quando combatemos algo capaz de nos destruir – nossos vícios e apegos, obsessões e compulsões, condições enfermiças ou atitudes destrutivas –, invariavelmente vamos além de derrotar o inimigo, adquirindo da mesma forma uma coisa positiva que nos transforma.

SIEGFRIED SEGUE O PÁSSARO

Seguir o pássaro equivale a seguir a intuição ou o sentido interior que nos chama a passar de uma para outra fase da vida. Atendemos a esse chamado se não temos medo, confiando que a direção que tomamos é verdadeira para nós. É como ouvir uma nota comovente ou uma melodia perfeitamente modulada para o nosso ouvido, uma canção que podemos acompanhar se quisermos ouvir e seguir os nossos sentimentos, sem saber de fato para onde somos levados ou para quem nos dirigimos.

Ao seguir o pássaro, Siegfried está, metaforicamente, num momento de transição. Ele se afasta de onde estivera e se encaminha para onde o destino o leva, de uma fase da vida para a seguinte, de um estágio do crescimento psicológico para o próximo. Ele usou a espada que forjou para matar Mime e o dragão. Em termos psicológicos metafóricos, Siegfried se apartou de modo decisivo dos dois complexos emocionais que eles representam; doravante, ele não corre o risco de ficar defensivo e paranoico como o dragão, protegendo tesouros que nunca vai usar, ao mesmo tempo que está livre da malevolência manipuladora de Mime. Simbolicamente, ele acabou com a possibilidade de tornar-se semelhante às duas figuras negativas significativas de sua infância. Quem cresce numa família desajustada em que o poder é o princípio dominante precisa acabar com o potencial de assemelhar-se aos seus membros antes de ficar de fato livre para enfrentar o mundo em busca do seu próprio destino.

Siegfried também fica com o tesouro: dois intensos símbolos que ele ainda tem de aprender a usar. O anel do poder está no seu dedo; o Elmo de Tarn pende do seu cinto. Com um, ele pode dominar os outros; com o outro, pode transformar-se em qualquer coisa e ir a qualquer lugar. Além disso, Siegfried porta uma espada que sabe usar, ao mesmo tempo que ter provado o sangue do dragão lhe permite perceber a verdade sob falsas palavras e entender o canto do pássaro que segue.

A COMPREENSÃO INTUITIVA

Crescer em lares em que as pessoas não dizem a verdade sobre seus sentimentos é, para usar uma reveladora palavra médica, "patognomônico" de uma família deficiente; ou seja, é distintamente característico dessa condição particular, sintoma sem o qual não se pode fazer o diagnóstico.

Uma criança que cresce numa família deficiente pode intuir corretamente as incongruências entre palavras e sentimentos profundos, reprimindo ou suprimindo essas informações. Quando Mime oferece veneno a Siegfried, este reconhece o perigo mortal daquilo que lhe é dado para matar a sede. Embora o veneno seja uma metáfora forte, as crianças de famílias deficientes ou as crianças adultas que nelas têm sua origem precisam reconhecer as mentiras como veneno; se forem engolidas, as negações vão substituir a verdade de suas próprias percepções e sentimentos, sendo tão mortais para a autenticidade quanto o é a bebida para um alcoólatra.

Siegfried passou a infância na natureza, que muitas vezes alimenta e consola filhos de famílias desajustadas. Uma colina ou uma árvore especiais, um lugar perto do rio, um recanto oculto de um jardim pode ter sido o "lar": para a alma da criança. Ficar solitário no ambiente natural, sonhar acordado e ouvir os pássaros como Siegfried permite que se ouçam os próprios pensamentos e anseios e que se sinta a verdade da experiência pessoal. Isso pode até nos levar a perceber que temos um lugar num belo e benévolo universo.

Somente na solidão ouvimos a voz do "pássaro", símbolo da voz ou orientação interior que nos leva ao nosso desabrochar espiritual e psicológico. Na ópera, o pássaro é uma bela voz de soprano. Na psique, é a voz da alma. Enquanto está sozinho, Siegfried segue a voz do pássaro. Tão logo Wotan aparece, este foge. Wotan diz a Siegfried que "o pássaro fugiu para salvar a vida!". Quando o deus aparece, Siegfried perde o contato com o pássaro, que é o que acontece com todos nós quando ficamos arrogantes, voltados para o exercício do poder ou envolvidos em conflitos.

A CONVOCAÇÃO DA SABEDORIA FEMININA

O Andarilho é um aspecto de Wotan dedicado à observação. O deus, que vagou pela Terra em busca de sabedoria, agora convoca Erda, que considera a mais sábia das mulheres, aquela que tudo sabe. O Andarilho é também um aspecto humilde de Wotan, que, nessa caracterização, usa uma persona que não inspira respeito nem medo. A primeira impressão que Mime tem dele é a de um velho enxerido com o qual não quer se incomodar. Para Siegfried, ele é um incômodo velho tolo de um olho só. Na figura do Andarilho, Wotan é como o rei Lear, outro andarilho que descobriu quanto estava afastado da verdade ao entregar o poder. Reis e Wotans são figuras de autoridade com poder sobre os outros. Eles em geral não ouvem a verdade, porque as pessoas têm um justo medo de dizer o que o rei não quer ouvir. Em vez disso, eles são adulados e lisonjeados, o que torna as figuras de autoridade suscetíveis a ter um sentido inflado de si mesmas, assim como uma visão distorcida da realidade.

Num contexto patriarcal, a sabedoria feminina, personificada por Erda, está em recesso nas profundezas da Terra. Ela é um símbolo da parte da psique que sonha e sabe, que tem contato com o inconsciente coletivo, no qual passado, presente e futuro são uma coisa só. O intelecto masculino arrogante que assume o domínio da natureza descarta o inconsciente, considerando-o irracional e sem sentido. Disso resulta a perda de contato com os sonhos e com as profundezas da psique, representada pelo desaparecimento de Erda. É isso que acontece com homens e mulheres que supõem ser a verdade apenas conhecimento cognitivo do cérebro esquerdo. Quando Erda sai da consciência, há também a perda de contato com o reino materno que valoriza os relacionamentos e a natureza.

Wotan só desperta Erda depois de ter vagado e procurado a sabedoria sem tê-la encontrado em nenhum outro lugar. Ele a procura à noite, chamando-a numa caverna da montanha a sair do seu sono, uma imagem que qualquer pessoa que deseje um sonho significativo pode avaliar. Quando atende ao seu chamado e surge, ela vem com uma luz azulada que simboliza um tipo diferente de iluminação. Erda sai das profundezas como os sonhos arquetípicos, cheia de mistério, numinosidade e sabedoria; se dermos valor aos sonhos, precisaremos refletir sobre o seu sentido até absorvermos sua sabedoria.

Wotan quer saber se pode parar a "roda em giro incessante". Eventos desencadeados pelo seu desejo de Valhalla e pela forja do anel seguiram-se uns aos outros. É possível que o deus esteja perguntando se essa roda kármica pode ser parada, se o tempo linear e os seus efeitos podem ser interrompidos ou se Erda pode acabar com as preocupações e com a tristeza que o assolam desde que ele percebeu que o seu mundo vai acabar. As palavras de Erda – "todas as coisas que existem perecem" – o assombraram.

Há nessa afirmação uma sabedoria que reflete o curso da natureza, um conhecimento das estações e a inevitabilidade da mudança, bem como o conhecimento da Terra de que todas as coisas morrem e retornam a ela. Essa sabedoria encontra a resistência de homens como Wotan, que constroem seus equivalentes do Valhalla para que sua influência possa existir eternamente. Minha impressão clínica é a de que a consciência da morte como inevitabilidade é negada ou reprimida no grau máximo possível por personalidades orientadas para o poder e que buscam o controle, esforços que não costumam ter muito êxito. O medo da morte e do envelhecimento, da perda do poder ou dos atrativos, é assustador para uma pessoa narcisista de qualquer sexo, que, no entanto, observa cada pequeno indício de declínio.

Wotan, disfarçado de Andarilho, buscou a sabedoria quando seu poder de controle sobre os eventos se reduziu. Sua aparência é a do velho sábio que ele precisa vir a ser. O deus luta com a própria raiva e com a sua dificuldade de entregar o poder, bem como com o inevitável fim. Quando aceita que o término da sua influência – desaparecimento dos deuses – está fadado a acontecer, ele nega que isso o deixe angustiado, e diz a Erda que ele mesmo quis isso e que entregará com prazer seu domínio ao jovem. Esse é um estágio de abandono do controle em que dizemos que é da nossa vontade o fato de não podermos influenciar as coisas e que pretendemos de bom grado conceder aquilo que inevitavelmente teremos de fazer, mantendo assim uma ilusão de controle.

CONFRONTOS ENTRE PAI-MENTOR E FILHO-HERÓI

Apesar da intenção expressa ao falar com Erda, Wotan não entrega voluntariamente o poder a Siegfried, buscando em vez disso bloquear-lhe o caminho. Trata-se da situação clássica de conflito entre o pai-mentor e o filho-herói. Os mentores homens e seus protegidos chegam notadamente a esse mesmo impasse. Um mentor ou pai que promove o avanço de um homem mais jovem com frequência não suporta ser superado por ele; surge então um confronto em que um deles sai vencedor, o que também costuma pôr fim ao relacionamento.

O mentor pode ressentir-se da mudança em termos de respeito ou de idealização que sucede quando o protegido alcança o mesmo nível dele, aspira com boas condições à sua posição ou tem a possibilidade de superá-la; naturalmente, o homem mais jovem já não olha o mentor como fazia antes. Os filhos do pai, bem como as filhas do pai, passam por um período de culto heroico ao próprio genitor, o que também ocorre habitualmente com os mentores, sendo muito gratificante para o homem mais velho. Chega, no entanto, o momento em que o jovem deve tornar-se um homem completo, em vez de homem do mentor ou extensão do pai, momento em que ele exprime suas próprias ideias, faz as coisas à sua maneira e toma posse de si mesmo. Se for autoritário e narcisista, o pai, ou o mentor, vai vivenciar o crescimento saudável normal do jovem como uma tradição. A raiva e a inveja narcisistas das oportunidades que o jovem tem levam o pai-mentor a uma súbita desvalorização do caráter ou da capacidade do jovem, atitude que destrói o relacionamento.

Um pai-mentor narcisista que descobre que o jovem não vai ser uma extensão da sua vontade pode, de repente, dar as costas ao seu ex-protegido, o que aconteceu com Siegmund, e até dar um golpe fatal na sua carreira. Ele também pode ver-se como perdedor do confronto com um Siegfried quando não consegue impedir-lhe o avanço.

Um pai narcisista também torna-se um obstáculo internalizado que evita que um filho ou filha tenha sucesso ou seja criativo. Da mesma maneira como Wotan barra a passagem com a lança na qual estão gravados acordos que garantem seu poder, assim também os pais de crianças adultas podem fazê-las parar por meio de acordos emocionais inescapáveis. Um desses acordos pode ser não superar o pai nem tornar-se mais bem-sucedido do que ele. Outro acordo pode ser realizar a ambição de um genitor em vez de fazer uma escolha pessoal. Em todas as famílias deficientes, há pactos de silêncio sobre alguns assuntos e emoções: trata-se dos acordos inescapáveis que os codependentes aceitam fazer com um Wotan viciado em poder, raiva, álcool, jogo ou qualquer outra coisa. Cabe aos filhos e às filhas adultos a obrigação de acabar com esses acordos para seguirem em frente, uma tarefa de herói.

BRUNNHILDE INCONSCIENTE

Quando Wotan convoca Erda para aconselhá-lo, ela quer saber por que ele não faz perguntas a Brunnhilde, que é "corajosa e sábia". Ao ouvir que Wotan fez a valquíria dormir para puni-la pelo seu desafio a ele, Erda faz ao deus algumas perguntas bem significativas.

Se ele (ou o Wotan que há em nós, com sua suscetibilidade a ser julgada e hipócrita com relação aos outros, especialmente os próprios filhos) encarasse essas questões sem fugir das respostas, elas e as suas respostas teriam a seguinte forma:

- Como você pôde punir o nosso filho por uma falta sua? Você lhe deu o exemplo.
- Como você pôde punir o nosso filho pelo que ele fez? Os sentimentos que ele viu você exprimir o influenciaram a fazer o que fez.

- Como você pôde sustentar que a verdade e a justiça são sagradas para você e comportar-se como tem se comportado? Falta integridade a você porque as suas ações não correspondem aos valores nos quais acredita.

Wotan encontra-se na situação psicológica deveras ambivalente de querer e não querer ouvir a verdade. Tal como um psicanalista que enfrenta indiretamente um comportamento incoerente, Erda lhe faz perguntas.

Brunnhilde fora de fato corajosa e sábia, mas isso atraiu a ira de Wotan sobre ela. A valquíria desobedecera à vontade de Wotan e dera ouvidos ao seu coração (pois amava Siegmund), sendo impelida pela sua compaixão por Siegmund e Sieglinde a contrariar as ordens do deus. O amor, e não a obediência à autoridade, orientou as suas ações. Ela representa um princípio ético que coloca o amor acima da lei ou do poder, sendo um símbolo da Anima ou alma que Wotan, tendo punido e silenciado, já não pode consultar.

Ao ajudar Siegmund e Sieglinde, a valquíria teve a coragem de desafiar a ira de Wotan, assim como de dar um passo para enfrentá-lo quando ele a acusou de ser uma covarde, temerosa de encarar o próprio destino. Contudo, ela não estava preparada para o castigo que ele lhe infligiu. O fato de um pai – que "ela pensava que a amava" – a colocar deliberadamente para dormir, exposta e vulnerável diante do primeiro homem que aparecesse (mesmo um covarde), homem que lhe tiraria a virgindade e seria o seu senhor, era uma pavorosa traição do amor parental, um castigo além da sua imaginação capaz de destruir-lhe a alma e o espírito. Uma filha que sente a brutalidade da raiva e da hostilidade impiedosa de um pai narcisista, expressa em palavras ou em abuso físico ou sexual, se transforma. Depois de ouvir o que Wotan planeja para puni-la, Brunnhilde fica aterrorizada e se mostra tímida, aduladora e sedutora em seus esforços para persuadi-lo a abrandar sua pena.

Quando a punição é terrificante, tudo o que pode provocá-la tem de ser suprimido por razões de autopreservação. A filha de Wotan e Erda é de fato valente e sábia, mas a punição de um comportamento que é expressão dessas qualidades torna perigoso que ela seja assim. Em famílias desajustadas, as forças positivas das filhas são com frequência "postas para dormir". Disso resulta a impotência, predispondo-as a vir a ser vítimas de abusos.

BRUNNHILDE ACORDA:
DESPERTANDO PARA O PRIMEIRO AMOR

Siegfried transpõe a barreira de fogo e vê uma figura coberta por um escudo e envergando armadura, que jaz numa rocha. Brunnhilde é a figura inconsciente, mas Siegfried também é, de um modo diferente, inconsciente. Ele nunca viu uma mulher antes nem sabe que uma mulher pode afetá-lo.

Siegfried retira o escudo e a armadura da figura adormecida e contempla Brunnhilde. Isso tem sobre ele o efeito das primeiras dores da paixão, que para os homens, em geral, se manifesta em resposta à aparência física de uma mulher. Ele fica encantado; um intenso fogo arde em seu peito; o coração dispara; ele sente angústia e anseio, olha para ela com ternura e tem medo; então, a alegria expulsa o temor do seu coração, e ele deseja tocá-la e abraçá-la. Sentir o seu hálito e beijá-la. Ao fazê-lo, Siegfried desperta Brunnhilde do seu longo sono.

A valquíria acorda para ver o céu e a terra de novo e, uma vez desperta, pergunta imediatamente: "Quem é o homem que me desperta para a vida?". No primeiro despertar para o amor, a mulher em geral deseja saber, com palavras, quem é o homem por quem se apaixonou, bem como situá-lo num contexto com o qual possa relacionar-se – e é isso que Brunnhilde faz. Ela toma conhecimento de que o seu nome é Siegfried, o que a comove profundamente. Ela o reconhece como a vida que protegeu no ventre de Sieglinde, vê que ele é aquele a quem ela defendeu antes mesmo de nascer. Brunnhilde amou a imagem e a ideia que tinha de quem Siegfried seria, e fica em êxtase por ser ele quem a desperta agora.

Siegfried confunde Brunnhilde com a própria mãe, o que costuma ser psicologicamente verdadeiro no tocante ao amor físico do homem por uma mulher; ela é a sua amante, ele está deitando com uma mulher que pode ter a idade que sua mãe tinha quando ele era um bebê de colo. Se, tal como Siegfried, o homem tiver sido privado do amor físico de uma mãe, uma parte não atingida dele vai ansiar pelo contato com o seu corpo e, no ato amoroso, a mulher será tanto mãe como amante.

Siegfried desperta uma qualidade maternal correspondente em Brunnhilde, por ela manifesta quando ele imagina se ela poderia ser a sua mãe, adormecida durante todo esse tempo. A valquíria diz que ele é uma criança inocente e que deseja contar-lhe algumas coisas. Ela fala que o seu amor por ele foi o pensamento secreto que ela acalentou ao desafiar Wotan e durante o seu longo sono. Brunnhilde lhe mostra o cavalo e as armas, e lamenta a perda da sua identidade como valquíria. Enquanto ela fala, a paixão de Siegfried aumenta cada vez mais. Ela deseja falar; ele quer abraçá-la – e, quando ele tenta fazê-lo, ela o rejeita, tomada pelo terror, e corre.

A PERDA DA VIRGINDADE COMO TRANSFORMAÇÃO PSICOLÓGICA

Embora ame Siegfried, Brunnhilde fica aterrorizada com a consumação física do seu amor, dizendo-lhe que "descontrolados, meus temores parecem me dominar. Horrores pavorosos surgem das trevas". Ela propõe que ele a deixe em paz, conserve consigo sua imagem e não destrua "esta donzela que te pertence".

A experiência psicológica da perda da virgindade tem para a mulher um caráter significativamente diferente do que tem para o homem. No primeiro ato sexual, ela tem uma experiência física de ser penetrada, de tornar-se vulnerável ao homem, à gravidez, a uma possível infecção, às consequências desconhecidas do fato de mudar para sempre. A mulher sente que o instinto controla o corpo do homem quando ele se aproxima do orgasmo e, se for sexualmente responsiva nessa primeira vez, ela também vai passar por isso. Trata-se de um ritual iniciatório que acontece nela, deixando-a vulnerável. Para muitas mulheres, trata-se também de um ato que envolve uma ligação emocional, ato que aumenta sua vulnerabilidade. Historicamente, as sociedades patriarcais atribuem grande valor à virgindade como requisito para o casamento, e qualquer mulher que a perca em qualquer circunstância que não o casamento está arruinada; uma vez casada, ela passa a ser uma posse eterna do homem. Embora isso tenha passado, restam vestígios na memória coletiva do inconsciente que têm certa influência. Por essas muitas razões, perder a virgindade pode ser uma vivência psicológica que modifica a autopercepção da mulher e muda a sua vida, especialmente no caso de uma valquíria, uma donzela guerreira que em nenhum momento anterior se sentira vulnerável e desprotegida.

Wotan dissera a Brunnhilde que ela esperaria pelo primeiro homem que a despertasse, tornando-se, a partir desse momento, escrava dele. A valquíria fora a confidente do pai num relacionamento emocionalmente incestuoso no qual conhecera as suas fraquezas; além disso, ela também sentira a sua fúria, ficara aterrorizada com ele e aprendera a implorar e a ser conciliadora. Na verdade, esse conjunto de circunstâncias prepara a mulher para ser uma codependente numa situação abusiva, para condescender com um homem que a trata mal e para obedecer-lhe. Assim sendo, Brunnhilde, bem como mulheres como ela, pode legitimamente sentir medo do que vai lhe acontecer quando tiver sua primeira relação sexual.

Para Siegfried, e para homens como ele, a perda da virgindade é uma experiência mais de domínio do que de vulnerabilidade. Quando Brunnhilde corresponde com paixão, Siegfried observa: "Retoma o vigor do meu coração; e o que é o medo não consegui aprender. Meu temor, vejo agora, desapareceu e se foi como um sonho".

Na sua união, a valquíria e o herói ficam em êxtase. Brunnhilde ri ao dar adeus à sua vida anterior, ao Valhalla e aos deuses, pois já não é uma valquíria imortal; agora, Siegfried é o seu "tudo". E assim ocorre arquetipicamente quando uma mulher que até então fora uma deusa virgem independente se torna, por meio do amor, uma mulher vulnerável. Há "risos diante da morte" do eu anterior de Brunnhilde, assim como do de Siegfried.

BRUNNHILDE coloca o anel dos nibelungos no dedo e entra com o cavalo na pira funerária de Siegfried, um ato que faz as chamas cobrirem o Valhalla e encerra a velha ordem. A verdade é o fogo que destrói e purifica os relacionamentos deficientes.

PERSONAGENS

As Nornas: três filhas de Erda, a deusa da sabedoria, elas tecem o fio da vida que determina o destino.

Siegfried: o herói que matou o dragão, obteve a posse do anel dos nibelungos e despertou Brunnhilde. Filho de Siegmund e Sieglinde.

Brunnhilde: a Valquíria que perdeu a imortalidade ao desobedecer ao pai, Wotan, e que perdeu a virgindade ao ser despertada por Siegfried e tomada por ele como noiva. Filha de Wotan e Erda.

Gunther: um mortal Gibichung, regente de um feudo do Reno, filho de Gibich e Grimhilde, irmão de Gutrune e meio-irmão de Hagen por parte de mãe.

Gutrune: uma mortal Gibichung, irmã de Gunther, meia-irmã de Hagen.

Hagen: filho ilegítimo de Alberich, o nibelungo, e Grimhilde, meio-irmão de Gunther e de Gutrune.

Waltraute: uma Valquíria que tenta influenciar Brunnhilde.

Alberich: o anão nibelungo que forjou o anel dos nibelungos, foi privado dele à força e é obcecado por recuperá-lo; pai de Hagen.

Donzelas do Reno: três ninfas do rio que revelaram o segredo do Ouro do Reno a Alberich, que o roubou, e que desde então vêm buscando fazê-lo voltar ao rio.

Vassalos e mulheres gibichungs.

CAPÍTULO 4

O Crepúsculo dos Deuses (*GÖTTERDÄMMERUNG*)

A VERDADE PÕE FIM AO CICLO DO PODER

A HISTÓRIA

O PRÓLOGO:

As três Nornas – antigas deusas – que tecem o fio dourado do destino tentam fazer sua tarefa, que se tornou cada vez mais difícil. Filhas de Erda, elas tecem e fiam a sabedoria que a deusa gera por meio dos seus sonhos. Enquanto trabalham, deparam com os eventos que mudaram para sempre a ordem e a harmonia que um dia conheceram.

A Norna mais velha descreve a época em que teciam e fiavam à sombra do Freixo do Mundo, que era verde e cheio de folhas. Aos pés da árvore havia uma nascente que era uma fonte de sabedoria. Wotan foi beber dessa nascente e pagou por isso com a perda de um olho. Ele quebrou um ramo da árvore para fazer sua lança, o que feriu o freixo, enfraquecendo-o gradualmente até provocar sua morte. Depois disso, a nascente secou.

A segunda Norna assume o fio da história. Ela conta que Wotan fez leis e tratados, que gravou no cabo da lança. Com essa lança, ele regera o mundo, até que um dia um herói a partiu em duas, destruindo o poder das leis de Wotan. Então, a Norna mais jovem conta que Wotan ordenou aos heróis de Valhalla que arrancassem o tronco do freixo, fizessem seus ramos em pedaços e empilhassem a madeira ao redor dos muros de Valhalla. Agora, o deus está no alto do salão com os imortais reunidos à sua volta. Quando a madeira for inflamada, o domínio dos deuses chegará ao fim e as trevas os cobrirão.

As Nornas já não têm o Freixo do Mundo para amarrar o fio da vida. Enquanto tecem e cantam histórias acerca ao que aconteceu, passam a corda de uma para a outra, tentando sem sucesso prendê-la às rochas. A Norna mais velha, que conhece o passado, se lamuria por já não ver as sagradas visões que Loki costumava acender com seu fogo radiante. "O que terá acontecido a ele?", pergunta ela. A segunda Norna conta que Wotan controlou Loki com sua lança e o convocou a cercar Brunnhilde com as suas chamas. A terceira Norna, que tem conhecimento do futuro, descreve como vai ser convocado o fogo que abrasará o Valhalla.

O fio está embaraçado e esfiapado. Enquanto os fiapos se chocam contra as rochas cheias de irregularidades, a segunda Norna, que conhece o presente, atribui isso à ambição de poder decorrente do anel dos nibelungos e da maldição de Alberich.

Enquanto a corda se parte, as Nornas exclamam: "Ela se quebra! Ela se quebra! Ela se quebra!". Percebendo que isso marca o seu fim, as Nomas entram na Terra; elas retornam à sua mãe, Erda, e desaparecem para sempre.

SIEGFRIED E BRUNNHILDE SE SEPARAM

Enquanto o sol se eleva acima da rocha de Brunnhilde, ela e Siegfried saem da caverna. Eles passaram juntos um tempo indeterminado. O herói usa a armadura que ela um dia envergou e porta o escudo da valquíria. Ela vê seu amado partir para realizar feitos gloriosos. Tudo o que recebera dos deuses Brunnhilde deu a ele; tudo o que lhe foi ensinado ela ensinou a Siegfried. Ela deu toda a sua sabedoria e força "a este homem que agora é o meu senhor", e o seu coração está cheio de amor. Quando ele vai partir, a valquíria diz: "Temo que agora possas desprezar-me. Já não tenho o que oferecer".

Siegfried promete que a terá na sua lembrança e que se recordará de que ela o ama. Então, retirando o anel dos nibelungos, Siegfried o dá a Brunnhilde como prova do seu amor. Ela promete guardar o anel enquanto viver. Brunnhilde dá a ele seu cavalo, Grane, que anseia por voar pelas nuvens com ela, mas que perdeu sua magia quando a valquíria perdera a sua.

Siegfried promete a Brunnhilde: "Todas as minhas façanhas serão tuas façanhas"; "Não passo do braço de Brunnhilde". Ela respondeu: "Gostaria de ser também a tua alma!". Os dois juram: "Apartados, quem pode nos separar? Separados, continuamos a ser um só!".

OS GIBICHUNGS

Gunther, Gutrune e Hagen estão no salão dos gibichungs, no Reno, discutindo a fortuna de sua família. Gunther e Gutrune são irmãos. Gunther é o regente do feudo. Hagen é seu meio-irmão, filho ilegítimo de sua mãe, Grimhilde, e de Alberich, o nibelungo. Hagen inveja a legitimidade de Gunther, enquanto este admira a argúcia e o poder pessoal de Hagen. Gunther pergunta a Hagen se a sua fama ao longo do Reno é digna do nome Gibich. Hagen responde que a fama não é grande, sugerindo que aumentaria se ele, bem como Gutrune, fizessem um bom casamento. Quando Gunther quer saber a quem deve desposar para aumentar sua fama, Hagen lhe fala de Brunnhilde, a mais nobre mulher do mundo, dizendo-lhe que ela só pode ser obtida por Siegfried, o mais bravo dos heróis, que matou o dragão e tomou posse do tesouro nibelungo e do anel do poder. Gunther replica raivosamente: "Por que me falas de um tesouro que não posso ter?!".

Hagen diz que tudo o que Gunther tem a fazer é persuadir Siegfried a conseguir Brunnhilde como noiva para ele. Se desposar Gutrune, Siegfried poderá ser persuadido com facilidade a fazê-lo. É a vez de Gutrune se agastar: por que o homem mais corajoso do mundo, que podia ter a mulher mais famosa da Terra, haveria de preferi-la? "Lembra-te da bebida secreta?", pergunta Hagen, em tom conspirador. "Dar-lhe-emos a bebida mágica e ele esquecerá todas as mulheres, menos a ti."

Convenientemente, Siegfried procura com despreocupação aventuras e fama, e vem descendo o Reno. Ele até deseja conhecer os gibichungs, pois ouviu falar de Gunther. Ouve-se a sua trompa soar. Seu barco aporta, e Siegfried vem para a terra.

Gunther dá as boas-vindas a Siegfried e lhe oferece tudo o que tem: suas terras, seus vassalos e seu castelo. Siegfried retribui, dizendo que tudo o que possui é de Gunther, mas que as suas posses são apenas sua força e sua espada. Hagen questiona isso, perguntando: "E o ouro nibelungo? Dizem que agora te pertence". Siegfried responde: "Esse tesouro eu esqueci. Considero-o de pouco valor e o deixei na caverna". Hagen pergunta: "Não pegaste nada dele?". Siegfried aponta para o Elmo de Tarn, que pende do seu cinto, e diz: "Só esta peça, que não posso usar". Hagen lhe diz que a peça é o Elmo de Tarn, a obra mais prodigiosa dos nibelungos e que, se o puser na cabeça, ele poderá assumir qualquer forma ou, se quiser, o elmo o levará a qualquer lugar que ele deseje. "Que mais tiraste da caverna?", pergunta Hagen. "Apenas um anel", responde Siegfried. "E onde ele está agora?" "Em segurança, no dedo de uma bela mulher", responde Siegfried.

Gunther diz ao herói que ele não precisa dar senão sua amizade em troca. Gutrune se aproxima, trazendo um recipiente de beber, que oferece a Siegfried. Erguendo o recipiente até os lábios, ele se lembra de Brunnhilde e bebe sofregamente. A poção tem efeito imediato. O herói se esquece de Brunnhilde e fica inflamado de paixão por Gutrune. Ardente, ele lhe toma a mão. Ela cora, fica tímida e parte, com Siegfried olhando, encantado.

Nesse momento, Gunther fala da mulher que deseja e que não pode conseguir. É uma donzela que está numa montanha cercada de fogo; somente um herói que possa vencer o fogo conseguirá tê-la por noiva. O gibichung diz que, embora a queira, não pode pôr os pés na montanha, pois teme as chamas.

Por um instante, Siegfried parece lutar contra a própria memória, mas isso passa. Ele diz que, como é amigo de Gunther

– e se puder ter Gutrune por esposa –, vai conseguir a noiva para ele. Com uma argúcia recém-descoberta, Siegfried se propõe a usar o Elmo de Tarn para enganar Brunnhilde: "Posso me transformar em ti". Para consolidar esse plano, Gunther e Siegfried fazem um pacto de sangue e partem Reno acima. Quando vão, Gutrune fica antecipando alegremente seu casamento com Siegfried; e Hagen está contente, pois as coisas parecem correr como planejara.

A TRAIÇÃO A BRUNNHILDE

Brunnhilde está sentada na entrada da caverna, pensando em Siegfried e beijando o seu anel; de súbito, ela ouve trovões e vê uma nuvem negra vindo na sua direção. Uma valquíria cavalga até ela – a sua irmã Waltraute. Brunnhilde fica cheia de júbilo ao vê-la se aproximar e imagina: teria Waltraute desobedecido às ordens de Wotan? Teria ela vindo por amor? Teria Wotan mudado de ideia e esquecido sua raiva? Estaria Waltraute ali para contemplar o enlevo de Brunnhilde?

Muito pelo contrário. Waltraute vem tomada pelo medo e pela angústia, buscando a ajuda de Brunnhilde para evitar que o desastre atinja os deuses. Ela conta à irmã que Wotan se tornara o Andarilho e deixara o Valhalla. Ao voltar, com a lança em pedaços, fez os heróis derrubarem o Freixo do Mundo e empilhar a madeira em torno do Valhalla. Agora, Wotan está sentado em silêncio, recusando as maçãs da juventude, com as valquírias reunidas aos seus pés cheias de medo. Um dia, Waltraute o lembrou de Brunnhilde, e ele suspirou com pesar e murmurou:

"Se as Donzelas do Reno recebessem o anel das mãos de Brunnhilde, a maldição passaria e ela salvaria tanto os deuses como o mundo!".

A irmã implora a Brunnhilde que atire o anel no Reno. Brunnhilde se recusa a apartar-se do anel, afirmando que ele lhe diz que Siegfried a ama, o que significa mais para ela do que o Valhalla e os deuses eternos. Declarando que o anel ficará em suas mãos, Brunnhilde manda Waltraute embora.

De novo sozinha, Brunnhilde observa que suas chamas guardiãs se agitam. Ela ouve uma trompa e a reconhece como a de Siegfried. Jubilosamente, vai saudá-lo, mas fica aterrorizada quando, em vez dele, aparece um estranho. Ele tem o Elmo de Tarn na cabeça e parece Gunther. O homem lhe diz que veio tomá-la para si e que vai subjugá-la se ela resistir. Brunnhilde compreende agora a punição de Wotan e a vergonha e a tristeza que ela vai lhe trazer. O homem deseja levá-la para a caverna e obrigá-la a obedecer-lhe. Sentindo que o anel de Siegfried vai protegê-la, ela o ameaça com o objeto, dizendo: "Nenhum mortal me causará vergonha enquanto este anel for o meu guardião!".

O anel não a protege. O homem se atraca com ela e os dois lutam. Brunnhilde consegue escapar, mas ele a captura outra vez, e, quando ela grita, ele tira o anel à força e o põe no próprio dedo. "Agora és minha, Brunnhilde, noiva de Gunther. Ficaremos na tua caverna." Derrotada e trêmula, a valquíria entra na caverna como ele ordena, esperando ser estuprada.

Siegfried a segue, tira a espada e pede a Notung que testemunhe como ele mantém a promessa que fez ao irmão. Então, dizendo-lhe "Separa-me agora da noiva de Gunther!", entra na caverna.

ALBERICH VAI VER HAGEN

É noite, e Hagen está sentado diante do salão gibichung, aparentemente, dormindo, empunhando a lança e com o escudo do lado. Seu pai, Alberich, está agachado à sua frente, com os braços sobre o joelho de Hagen, falando-lhe suavemente. O filho ouve e responde. É uma cena com aparência de sonho, iluminada apenas pela lua. Poderia ser um sonho ou uma conversa interior.

Alberich está ali para incitar o filho a pôr as mãos no anel. "Foste gerado para combater meus inimigos", diz Alberich. "E o momento de fazê-lo é agora." Criado para odiar, Hagen é um homem que diz de si mesmo que era "velho quando jovem", que "odiava os felizes" e "nunca estava contente". Enquanto Alberich tenta fazê-lo jurar que conseguirá o anel para o pai, Hagen jura que o conseguirá, mas para si; que o pai confie nele e não tema. Ao sair, Alberich pede a Hagen: "Sê fiel! Sê fiel!".

SIEGFRIED RETORNA

O sol surge. Hagen não mudou de posição e continua como se estivesse dormindo. De repente, Siegfried aparece ali, anunciando seu retorno com um grande grito, e desperta Hagen com um susto. Ele diz a Hagen que conquistou Brunnhilde e que, agora, ela e Gunther, de barco, vão descer o Reno, enquanto ele usou o Elmo de Tarn para desejar estar ali, tendo chegado imediatamente. Gutrune junta-se a eles para ouvir como Siegfried passou pelo fogo a fim de conseguir Brunnhilde para Gunther.

Por causa do Elmo de Tarn, ninguém pode distinguir Gunther de Siegfried, que, como Gunther, passara a noite com Brunnhilde.

Gutrune quer saber o que aconteceu entre eles, perguntando se ele "subjugou a corajosa donzela".

Siegfried replica: "Ela sentiu a força de Gunther".

"Então ela te desposou?", é a pergunta seguinte de Gutrune.

"Ela obedeceu ao seu legítimo marido por uma noite marital inteira", respondeu ele.

Gutrune fica mais específica, dizendo: "Passaste por esposo legítimo?".

E ele diz: "Fui fiel a Gutrune".

Gutrune aceita sua declaração de fidelidade. No entanto, um ouvinte menos ávido de acreditar nele poderia chegar à conclusão oposta. Se, como Gunther, Siegfried fez sexo à força com Brunnhilde, sua ação foi um estupro conjugal e uma traição a Gunther, a Gutrune, bem como a Brunnhilde.

GUNTHER CHEGA COM BRUNNHILDE

Quando as velas do barco que traz Gunther e Brunnhilde são vistas a distância, Gutrune faz Hagen chamar os vassalos para preparar uma esplêndida festa de boas-vindas. Hagen sobe numa alta colina e toca a trompa, despertando os vassalos e fazendo-os vir com suas armas.

Os homens chegam armados, sozinhos e em grupos, perguntando: "Qual é o perigo?", "Quem é o inimigo?".

Hagen diz-lhes que Gunther está chegando com sua esposa prodigiosa, tendo sido ajudado pelo seu amigo Siegfried, que o salvou dos perigos. "Ele é perseguido por furiosos inimigos?", perguntam eles.

"Ninguém os está perseguindo", assegura Hagen. Eles devem usar as armas para matar animais sagrados como oferendas e para encher os recipientes de vinho. Com essa boa notícia, todos explodem em risos; Hagen faz com que fiquem quietos e lhes diz que se preparem para receber Gunther e sua esposa, Brunnhilde; eles devem honrá-la, ir em sua ajuda e vingá-la se ela for ofendida.

Quando chegam, Gunther sai do barco com Brunnhilde, que o segue obediente. Ela está abatida, com um ar de derrota. Os vassalos de Gunther saúdam-nos e dão-lhes as boas-vindas. Ele a apresenta aos vassalos como um prêmio: "Nenhum homem pode conseguir uma mulher mais nobre. Os gibichungs foram abençoados; a um novo renome elevamo-nos hoje!".

Enquanto isso, Siegfried e Gutrune saem para recebê-los, acompanhados de criadas. Gunther cumprimenta-os dizendo: "Dois pares de noivos serão abençoados aqui". Fazendo Brunnhilde se adiantar, ele diz: "Brunnhilde e Gunther, Gutrune e Siegfried!".

Ouvindo este último nome, Brunnhilde levanta os olhos, tomada de uma imensa surpresa. Ela o fita fixamente e começa a tremer de maneira descontrolada. Brunnhilde mal consegue se controlar ao repetir seus nomes: "Siegfried... aqui? Gutrune...?".

Siegfried diz a Brunnhilde que conquistou a delicada irmã de Gunther, tal como este tinha conquistado Brunnhilde.

A valquíria é profundamente afetada por essa afirmação e acusa Siegfried de mentir. Então, percebendo que ele não a reconhece, fica ainda mais desesperada. Siegfried pede a Gunther que acalme Brunnhilde, o que este não consegue. Em vez disso, ela fica ainda mais histérica quando vê o anel no dedo de Siegfried; ela aponta para o anel, acusadoramente. Seu comportamento alarma os vassalos, que se perguntam por que ela reage a Siegfried e ao anel daquela maneira.

Nesse momento, Hagen se destaca da multidão e diz: "Ouvi o que ela diz; que ela faça a acusação!". Brunnhilde vê Siegfried usando o anel que "Gunther" lhe tirara à força. "Como tiraste o anel da mão dele?", ela pergunta a Siegfried, apontando para Gunther. O herói olha para o anel e diz que não o tirou de Gunther. Brunnhilde vira-se para este último e exige que ele reivindique o anel como direito seu. "Faze-o devolver o anel!" Isso deixa Gunther perplexo; e ele diz que não deu nada a Siegfried: "Tens a certeza de que é teu?" Como Gunther não consegue explicar a questão do anel, Brunnhilde volta-se para Siegfried e anuncia que ele o roubou dela, denunciando-o como traidor e ladrão.

A confusão chega ao auge. Siegfried nega ter tomado o anel da mão de uma mulher e insiste que o ganhou ao combater Fafner. Hagen intervém, mais uma vez concentrando a atenção da multidão nas angustiadas acusações de Brunnhilde: "Traída! Traída! Vergonhosamente traída! Como posso ser vingada?".

Gutrune e os vassalos perguntam: "Por quem?". Brunnhilde clama aos deuses imortais, cujos decretos a levaram a esse sofrimento e a essa vergonha, e pede que ouçam seu clamor de vingança e de morte ao traidor.

Brunnhilde volta-se para a multidão, dizendo: "Ouvi-me todos vós: não foi Gunther, mas Siegfried, quem me fez sua esposa!". A multidão fica consternada. Se essa acusação for verdadeira, Siegfried é um traidor que desonrou e envergonhou Gunther e foi infiel a Gutrune. Siegfried se defende, dizendo que manteve a palavra ao colocar Notung entre ele e a infeliz esposa de Gunther. Brunnhilde replica que ele mente, que ela conhece a agudeza da sua espada, mas também conhece sua bainha, na qual a espada dormiu a noite inteira pendurada na parede.

Gunther diz que está desgraçado, a não ser que Siegfried "jure que ela mente!". Gutrune também exige ter certeza de que "tudo o que ela diz é mentira!". Os vassalos exigem que Siegfried se defenda, jurando na ponta de uma lança.

Hagen oferece sua lança como testemunha. Aponta-a para Siegfried, que toca a ponta com dois dedos da mão direita. Invocando a lança para defender sua honra, Siegfried jura: "Se agi falsamente, que esta lança atinja o meu coração. Se o que ela diz é verdade e traí meu irmão, que esta lança me mate".

Brunnhilde, furiosa, tira a mão de Siegfried da ponta da lança, substituindo-a pela própria. Ela pede à lança que o atinja e o mate por sua traição, jurando que ele traiu todas as promessas que fez, tendo agora cometido perjúrio. Os vassalos ficam fora de si: nunca tinham ouvido falar que uma mulher fizesse isso. Siegfried assume uma atitude paternalista com Brunnhilde e, falando de homem para homem com Gunther, sugere que ele conceda a ela tempo e descanso para recuperar-se dessa contrariedade. Ele lamenta que o disfarce não tenha sido bem-sucedido, suspeitando ter sido uma falha do Elmo de Tarn. Então, dizendo a Gunther que "Brunnhilde logo aprenderá a amar e também me agradecerá", põe despreocupadamente o braço em torno de Gutrune e conduz os vassalos e as mulheres para a festa do casamento.

A DECISÃO SOBRE A MORTE DE SIEGFRIED

Gunther, Hagen e Brunnhilde ficam para trás, enquanto todos os outros seguem Siegfried e Gutrune. Brunnhilde está transtornada pela fúria e pela angústia, e clama por vingança. Hagen se oferece para matar Siegfried, mas Brunnhilde diz que isso é impossível, porque ela fez uma poção para protegê-lo dos inimigos. Contudo, supondo que Siegfried nunca daria as costas a um inimigo e fugiria, ela não protegera suas costas. Hagen lhe diz que agora sua lança sabe onde golpear.

Enquanto isso, Gunther está com muita pena de si mesmo e coberto de vergonha. Brunnhilde, desdenhando-o, chama-o de covarde porque ele temia as chamas, deixou Siegfried conquistá-la e então se atreveu a reivindicá-la para si. Quando Gunther pede a Hagen "Ajuda-me! Salva a minha honra!", acrescentando "Ajuda-me pela nossa mãe, pois tu também és seu filho!", este lhe diz que apenas a morte de Siegfried pode tirar-lhe a vergonha. Brunnhilde afirma que a morte de Siegfried vai expiar o seu crime e o de Gunther.

Hagen leva Gunther para um lado e lhe diz que realizará a façanha e que Gunther ganhará o anel. Com este último, promete Hagen, "o mundo todo estará sob as tuas ordens". Isso leva Gunther a se decidir, selando o destino de Siegfried. Contudo,

Gunther se preocupa com a possibilidade de que a morte do herói prejudique Gutrune, porque ela o ama (enquanto Brunnhilde a amaldiçoa por ser uma bruxa e por roubá-lo), razão por que é preciso esconder essa façanha. Hagen concorda e planeja um acidente: "Nosso herói vai na frente: vamos encontrá-lo morto por um javali".

Tendo decidido em favor da morte de Siegfried, Gunther e Brunnhilde chamam os deuses em sua ajuda – Wotan, o senhor das promessas e deus da vingança, e toda a temida hoste celestial. Hagen invoca seu pai nibelungo, Alberich. E o cortejo de noivado vem na direção deles. Gunther e Brunnhilde logo são cercados pelos celebrantes. Os homens carregam Siegfried num escudo e Gutrune numa cadeira. As mulheres convidam Brunnhilde a acompanhá-las, e Gutrune sorri para ela, solícita. Brunnhilde está prestes a se recusar quando Hagen intervém e a faz ir na direção de Gunther, que lhe toma a mão; os dois se incorporarão à procissão.

AS DONZELAS DO RENO E SIEGFRIED

É o dia que sucede à celebração do casamento. A cena mudou para a floresta, pela qual corre o Reno. As três Donzelas do Reno foram até a superfície do rio fruir a luz do sol. Elas pedem ao sol que lhes envie o herói capaz de devolver-lhes o Ouro do Reno.

Precedido pelo som de sua trompa, Siegfried chega ao rio sem intervenção de ninguém. Quando seguia um urso, ele se separou dos outros. Ao ver as Donzelas do Reno, o herói graceja com elas: será que elas fizeram o urso ir embora? Ele era seu companheiro de folguedos?

As Donzelas do Reno querem saber se ele as recompensará caso digam onde está o urso; elas brincam com Siegfried, dizendo-lhe que lhes dê o anel de ouro que tem no dedo. Quando ele diz que sua esposa ralharia com ele se fizesse isso, elas o tratam com desdém, rindo dele; então, mergulham e desaparecem temporariamente. Seu desdém deixa-o tentado a fazer o que elas pedem. Siegfried tira o anel, chama-as e, levantando bem alto, diz que o dará se elas voltarem.

Quando voltam, as Donzelas do Reno estão solenes. Veem Siegfried segurando o anel e lhe dizem que o anel fora amaldiçoado por Alberich e que ele estará condenado se continuar a usá-lo: "Morrerás hoje, a não ser que confies o anel aos nossos cuidados". Siegfried toma isso como um desafio, dizendo que "se tivésseis sorrido, o anel seria vosso", mas que agora, mesmo que ele não tivesse valor, não o daria a elas.

As Donzelas do Reno se despedem de Siegfried, observando que ele já foi sábio, e deixou de sê-lo; dizem que ele desprezou uma dádiva gloriosa enquanto se apega ao anel que vai destruí-lo. Ao partir, elas afirmam: "Morrerás hoje, e teu anel retornará a Brunnhilde; ela há de ouvir nossas orações".

O herói as vê partir, pensando que aprendeu algo sobre as mulheres: "Se os sorrisos não funcionam, elas ameaçam, e se as suas ameaças são desdenhadas, dizem impropérios". No entanto, "se não fosse marido de Gutrune, eu tentaria capturar uma dessas formosas donzelas, fazendo-a minha!".

A MORTE DE SIEGFRIED

Siegfried ouve os chamados dos companheiros de caça e responde com sua trompa. Hagen e Gunther o encontram e, seguidos pelos vassalos, se unem a ele. Trazem consigo comida e bebida. Siegfried lhes diz, despreocupado, que seguira um urso e encontrara as travessas Donzelas do Reno, que o avisaram que encontraria a morte naquele dia. Ouvindo isso, Gunther treme. Enquanto os homens descansam, comem e bebem, Hagen fala sobre os rumores de que Siegfried pode entender a linguagem dos pássaros. Siegfried diz que é verdade, mas, "desde que as mulheres cantaram suas canções para mim, não cuidei mais do canto dos pássaros". Então, atendendo a um pedido de Hagen, relembra sua juventude, Mime, a forja de Notung a partir dos fragmentos da espada quebrada do pai, a morte do dragão, bem como o aviso da traição de Mime pelo pássaro e a morte do anão.

Quando Siegfried está nesse ponto da história, Hagen lhe dá uma bebida fresca à qual adicionou uma erva que restaura a memória. Siegfried lhes fala de quando transpôs o fogo e encontrou sua noiva gloriosa, Brunnhilde, adormecida numa armadura brilhante, de como a despertou com um beijo e foi enlaçado pelos seus adoráveis braços. Ele prossegue como antes, sem perceber o efeito do que diz sobre os seus ouvintes.

Diante disso, Gunther levanta-se de repente, desconsolado, pois Siegfried revela a todos que Brunnhilde foi sua antes de Gunther desposá-la. Nesse momento, dois corvos voam de um arbusto, crocitam e fazem um círculo em torno da cabeça de

Siegfried antes de se afastarem. Hagen pergunta se Siegfried entendeu o que os corvos disseram. O herói se levanta subitamente e diz: "Vingança! É o que eles dizem!". Ao dar as costas a Hagen para observar os pássaros se afastando, Siegfried tem a lança daquele enterrada em si. Gunther pega a sua mão como se tentasse afastá-lo do perigo, mas é tarde demais. Mortalmente ferido, Siegfried cai.

Tendo feito isso, Hagen se afasta. Gunther é tomado pelo pesar, e os outros amparam Siegfried para mantê-lo sentado. Enquanto caminha para a morte, Siegfried pede a Brunnhilde, sua "noiva mais sagrada", que desperte. Ele fala com ela como se estivesse na sua presença, e seu rosto está radiante. Então cai para trás e morre.

GUTRUNE RECONHECE A VERDADE

No salão gibichung, Gutrune está inquieta. Tendo despertado de um pesadelo, ela gostaria que Siegfried tivesse voltado. Ao ouvir a voz de Hagen, ela tem uma premonição de medo. Hagen entra para anunciar a volta de Siegfried, seguido pelo cortejo que traz o seu corpo. O assassino diz a Gutrune que Siegfried está morto, atacado por um feroz javali. Ela grita e se lança sobre o corpo de Siegfried, acusando Gunther de assassinato, o que ele nega, dizendo que Hagen matara Siegfried com sua lança. Gunther amaldiçoa Hagen, que, desafiadoramente, assume o crédito pela morte, reclamando, a esse título, o anel. Gunther declara que o anel é seu, bem como de Gutrune.

Hagen e Gunther lutam. Hagen mata Gunther e vai tirar o anel do dedo de Siegfried. Nesse instante, a mão e o braço de Siegfried se erguem, retos. As mulheres dão gritos e todos ficam paralisados de terror diante da visão. Brunnhilde aparece em cena, dizendo que não ouve ninguém chorar o herói morto. Gutrune a acusa de incitar os homens contra ele e de trazer a vergonha para sua casa. Com uma calma autoridade na voz, Brunnhilde diz que Gutrune foi apenas a amante de Siegfried, enquanto ela fora a sua verdadeira esposa, e que "Siegfried e Brunnhilde eram um só".

Gutrune reconhece que ouve a verdade e amaldiçoa Hagen: ela seguira o conselho dele e dera a Siegfried a bebida que o fizera esquecer Brunnhilde. Agora, triste e envergonhada, ela se afasta de Siegfried e se inclina, pesarosa, sobre o corpo de Gunther.

O FIM DOS DEUSES

Brunnhilde volta-se para os vassalos reunidos, ordenando-lhes que construam uma pira funerária com grandes achas, para que uma grande fogueira alcance o céu.

Enquanto os vassalos constroem a pira, Brunnhilde fita o corpo de Siegfried, absorta em seus pensamentos e transfigurada. Ela elogia Siegfried pela sua pureza e fidelidade, mesmo em seu erro e traição: "Ele foi o mais verdadeiro, mas não houve nenhum mais falso". Olhando para os céus, ela pergunta: "Sabeis por que foi assim?".

A valquíria dirige-se agora a Wotan: "Com o seu feito mais valoroso, ele realizou o teu desejo, mas foi obrigado a partilhar da tua maldição – a maldição que te levou à ruína". Ela lhe diz que, como Siegfried a traiu, o seu sofrimento a fez sábia. Brunnhilde agora sabe como têm de ser as coisas.

Tirando o anel do dedo de Siegfried, ela o põe no próprio dedo e promete às Donzelas do Reno que elas poderão recuperar seu tesouro das cinzas. Então, ordena aos corvos de Wotan que convoquem Loki para fazer o Valhalla arder, enquanto joga a tocha na pira. Nesse ponto da ópera, só a música orquestral de Wagner veicula os sentimentos de Brunnhilde e o sentido daquilo que ela está fazendo.

Embora não haja palavras, sendo tudo expresso pela magnificência da música, Wagner escreveu falas para Brunnhilde, mas não as musicou; nelas, a valquíria dirige-se às pessoas que sobreviverão depois de a raça dos deuses se acabar, entregando-lhes "o tesouro mais sagrado da minha sabedoria": "Não bens, nem ouro, nem casa, nem lareira, nem tratados ocos, nem a lei lamentável da falsa tradição; dou-vos o amor, abençoado na alegria e na tristeza!".

Brunnhilde atira a tacha na pira, de onde saem intensas chamas, conclamando Loki, o deus do fogo, a abrasar o Valhalla, onde Wotan espera pelo fim. Ela então monta no seu cavalo, Grane, a quem saúda como amigo. O cavalo a leva para dentro das chamas, enquanto ela exclama: "Siegfried! Siegfried! Brunnhilde te saúda como esposa!". A música é extática, celebrando uma consumação, uma união dos dois, que agora serão como um na morte ou através dela. O tema de Siegfried, a música da valquíria e o motivo da redenção pelo amor vêm juntos. Quando o fogo se acalma, o Reno transborda profusamente. As três Donzelas do Reno cavalgam uma impressionante onda que aparece acima da pira apagada. Hagen se alarma ao vê-las, tira sua armadura e mergulha insanamente no dilúvio, gritando: "Devolvei-me o anel!". Ele é levado para as profundezas por duas das donzelas, enquanto a terceira segura jubilosamente o anel recuperado. Nesse ínterim, nas regiões celestes, as chamas que devoram o Valhalla abrasam o céu.

A velha ordem passa e, purificada pelo sacrifício de Brunnhilde, uma nova era pode começar.

VERDADE PÕE FIM AO CICLO DO PODER

Os gibichungs – Gunther e Gutrune –, o filho de Alberich, Hagen, Siegfried e Brunnhilde cruzam seus destinos em *O Crepúsculo dos Deuses*. Todos eles são "crianças adultas" que representam papéis para os quais foram preparados por suas famílias desajustadas voltadas para o poder. Sua sina é uma consequência daquilo que acontece quando a circunstância interage com o caráter. Eles mostram que são bem conhecidos – na qualidade de tipos de pessoas ou de aspectos de pessoas que crescem em famílias patriarcais nas quais a ambição e a aquisição têm maior importância do que o amor.

A BUSCA DA CONDIÇÃO SOCIAL: OS GIBICHUNGS

Os gibichungs vivem no Reno num imenso castelo com servos e empregados. Gunther é o regente desse pequeno feudo. Ele quer aumentar a fama da sua família e discute como fazê-lo com sua irmã e seu meio-irmão. Gunther, em roupas atuais, lembra a pessoa ansiosa por uma posição social elevada que, tendo herdado alguma riqueza e alguma ambição, consulta um especialista em imagem sobre o que pode fazer para aumentar seu prestígio pessoal e familiar. Ele recebe o conselho de casar com alguém de posição social superior à sua, o que também se aplica a Gutrune, caso deseje tornar mais conhecido o nome da família.

Gunther cobiça a fama. O desejo de ser mais famoso também foi uma das razões da construção do Valhalla por Wotan. A fama tem vínculos com a persona, com o modo como os outros nos veem. Tal como todos os outros tipos de poder, ela é cobiçada, compensa uma carência de amor, distancia-nos dos outros e permite que tenhamos uma sensação de superioridade e fazer as coisas à nossa maneira.

A persona ou rosto que envergamos para encarar o mundo vem do teatro da Grécia clássica. Uma *persona* era a máscara usada para indicar a personagem que o ator representava; a persona era compatível com a personagem e ajudava o público a compreender o que testemunhava; usada para fins humorísticos, ela antes revelava que ocultava. Uma persona pode ser ainda uma declaração honesta, um rosto social que reflita de fato quem somos, um rosto formado pela maneira como falamos, nos vestimos e nos comportamos, bem como pela nossa aparência. Pode também ser uma máscara, usada deliberadamente para enganar ou para encobrir quem verdadeiramente somos; nesse caso, é um eu construído ou falso apresentado ao mundo como se fosse real. As famílias deficientes encorajam habitualmente as crianças a se preocupar em demasia com as suas personas; para pais assim, é mais importante o que as pessoas pensam dos filhos do que o que eles de fato sentem. Tendo de assumir uma falsa aparência para esconder o fato de que a sua família é tudo menos perfeita, as crianças são obrigadas a mentir; e, muitas vezes, se apegam à mentira e reprimem a verdade.

Gunther e Gutrune são chamados os gibichungs. Seu pai, Gibich, estabeleceu o nome da família. O pai de Hagen é Alberich, o nibelungo, que forjou o anel. Eles têm a mesma mãe, que Alberich comprou com ouro. Com essa história familiar, não admira que eles possam decidir, de modo calculista, a quem desposar para conseguir uma melhor posição social, bem como planejar para enganar e manipular os "pretendentes" a fim de ter sucesso. Se é "a mais nobre mulher do mundo", Brunnhilde torna-se uma aquisição sobremodo desejável como esposa para Gunther. Sendo "o maior herói", Siegfried, como marido de Gutrune, vai acrescentar brilho aos gibichungs. Os sentimentos pessoais não contam; nem os dos cônjuges pretendidos nem os próprios, mesmo quando se trata de algo pessoal como o casamento. Quando a fama ou o poder são a consideração mais relevante, o casamento é uma questão de barganha, de venda, de alianças e de propriedade, e não de amor.

A orientação para a persona que os gibichungs têm é vista em adultos que, quando crianças, tiveram alimentada a expectativa de ser defensores do bom nome da família. Fazer um bom casamento quando chega a hora é, nesse caso, muito comum. O casamento certo com a grande família social é algo que a criança adulta pode fazer pelos pais, e não por si mesma. Embora na época isso possa parecer uma escolha pessoal, com frequência as necessidades emocionais não são consideradas de fato. Alianças sociais invejáveis não são uma base para a real intimidade.

Gutrune é um exemplo da mulher que tem dúvidas interiores sobre se um homem socialmente desejável pode amá-la: "Tu zombas de mim, cruel Hagen; pois como Siegfried poderia amar-me?". Ela vai usar tudo o que puder para atraí-lo; e, uma vez que ele esteja apaixonado por ela, ou cheio de si na sua presença graças aos artifícios que ela empregou, Gutrune vai ficar momentaneamente feliz. Ela não vai considerar o comportamento dele, nem suas próprias dúvidas – o que Gutrune fez ao ouvir falar sobre Brunnhilde e sobre o uso que Siegfried fez do Elmo de Tarn –, a fim de casar com um homem que lhe dê certa condição social e compense sua falta de autoestima. Na qualidade de criança adulta, uma mulher como Gutrune tem por motivação agradar os pais (que podem ser figuras interiores) e, ao fazê-lo, espera conseguir seu amor e sua aprovação.

Gunther também é um exemplo de homem que escolhe uma esposa desconsiderando totalmente os sentimentos, seus ou dela. Ele quer Brunnhilde porque lhe disseram que ela é o melhor partido que ele pode encontrar, e usa do engano para aproximar-se dela. Quando ela está vulnerável, ele se aproveita disso e a leva para casa, como um troféu, a fim de conseguir estima para a sua família.

Gunther é um covarde, que não consegue vencer o fogo nem matar, pois carece tanto de coragem como de sangue-frio. É uma pessoa sem princípios que segue voluntariamente personalidades mais fortes, levado pelos seus próprios motivos oportunistas. As aparências, e não os sentimentos reais nem as ações, é que contam. Assim, ele pode concordar com o assassinato do seu novo cunhado e se preocupar com a manutenção das aparências diante de Gutrune, que ele acha que ama Siegfried. Os sentimentos, desta feita dela, não são levados em consideração.

Gunther, como Hagen e Siegfried, não sente empatia pelos outros; com efeito, ele não sente muita coisa, exceto a vergonha, que o afeta profundamente. O elemento relevante é para ele a sua imagem aos olhos dos outros. No início, o desejo da fama o motiva; no final, sua preocupação dominante é evitar a vergonha. Para o gibichung, a vergonha não é uma experiência interior de comportamento vergonhoso aos seus próprios olhos, mas uma humilhação pública que o faz parecer ruim diante dos outros.

A psicologia orientada para o exterior de Gunther e de Gutrune está presente nas crianças adultas vindas de famílias desajustadas muito mais preocupadas com o que os vizinhos pensam do que com os sentimentos dos filhos, e que os fazem responsáveis pela manutenção de uma persona familiar. Contudo, a psicologia particular de Gunther – que o deixa coberto de vergonha com a possibilidade de que as pessoas saibam que

Siegfried teve relações sexuais com sua esposa (por quem Gunther não tem sentimentos pessoais) e o faz aceitar o assassinato do cunhado – é semelhante à de crianças que sentem uma vergonha terrível das atividades sexuais dos pais e têm escondida em si uma raiva assassina.

As desesperadas palavras que Gunther dirige a Hagen – "Ajuda-me, Hagen! Salva a minha honra! Ajuda-me pela nossa mãe, pois também é seu filho!" – vinculam sua desonra com a da mãe. Nesse ponto, vem à nossa lembrança o fato de que Alberich "a comprou com ouro" a fim de ter um filho. Hagen, reconhecidamente ilegítimo, teria muito mais razões para se sentir envergonhado, mas isso não ocorre, porque ele é dominado por um ódio mortal. Os filhos são muito suscetíveis a se envergonhar do comportamento sexual da mãe, bem como de ofensas à sua honra. Como a mãe é propriedade do marido, este, se estiver vivo, é quem a vende e desonra; se estiver morto quando ela se vende, sua memória será desonrada. Seja como for, Gunther sente vergonha da desonra de sua mãe e do nome da família, tendo tentado, sem sucesso, redimi-los por meio desses casamentos. Contudo, a vergonha da família e a sua própria sofreram ainda mais. Uma criança envergonhada e humilhada pelo comportamento dos pais terá, quando adulta, uma aguda sensibilidade à vergonha.

A ARMA DA VINGANÇA E DO ÓDIO: HAGEN

Embora Hagen vá ser o assassino de Siegfried, eu não pude, ao ouvir o diálogo entre ele e seu pai, Alberich, deixar de sentir pena do "pobre Hagen", por causa da infância que teve. Esse período de sua vida o preparou para ser um assassino, um terrorista ou o que fosse necessário para fazer dele instrumento da vingança do pai e meio pelo qual este pudesse conseguir o anel do poder. Hagen foi gerado para odiar e educado para fazer a vontade do pai. Em consequência, nunca foi feliz e tinha inveja dos que o eram. Foi uma criança sempre velha, como o são todas quando privadas da infância.

Alberich renunciara ao amor pelo poder. Sua obsessão era recuperar o anel. Para isso, comprou a mãe de Hagen e gerou esse filho. A psicologia de Alberich é a de um fanático frio e calculista, cuja raiva vem do abuso, da privação, da humilhação e de um ardente desejo de vingança – sentimentos que o protegem psicologicamente do pesar e da sensação de insignificância. Por meio do filho, ele vai se vingar na geração seguinte. Hoje, no caldeirão do ódio israelense, palestino e árabe do Oriente Médio, campos e lares estão moldando esses filhos da vingança. A raiva mortal transmitida por sucessivas gerações é parte da história.

Para Alberich, e para outros pais obcecados pela vingança, um filho não tem necessidades legítimas próprias. Ele deve ser o meio de atendimento das necessidades do pai. Existe para redimir as profundas feridas narcisistas que o pai sofreu. Vai compensar a humilhação e a insignificância do pai adquirindo o poder que permita ao pai humilhar seus inimigos – mesmo que sejam necessárias as três gerações bíblicas. Para agradar ao pai e por temê-lo, o filho realiza com a vida o desejo daquele; ele espera que, agindo assim, vá receber amor do pai, acreditando que, ao fazer o que o pai precisa que faça, vai curar também as feridas deste.

Em meio à confusão emocional de uma família desajustada, o filho pode fazer exatamente o que quer um pai que diz "Se me ama, você vai fazer o que eu preciso", enquanto esse mesmo pai descarta por inteiro as legítimas necessidades do filho em termos de cuidados paternais adequados. Alberich diz a Hagen, por exemplo: "Venera esse ódio! Assim amarás como deves o teu triste e infeliz pai!".

Hagen sofreu um total abandono emocional, tal como as crianças cujos sentimentos não apenas foram desconsiderados como também ativamente rejeitados. Ao tornar o filho um instrumento da sua vingança, um meio pelo qual pode se desforrar de um inimigo que o humilhou, ou vencê-lo, o pai suprime de modo ativo (por meio do uso do ridículo e de castigo corporal) toda expressão de medo e de simpatia, assim como todas as queixas do filho. Um pai dessa espécie age como se fosse um instrutor militar, tratando o filho como recruta. Quando "entra em forma", o filho paga o preço da perda da infância e do desenvolvimento emocional; ele se torna sério demais, rígido, insensível, e se orgulha disso. No seu íntimo, contudo, há uma criança abandonada que inveja profundamente as mesmas pessoas a quem trata com desdém por serem delicadas.

A parte da criança que se desenvolve é a inteligência (e quaisquer outras habilidades "guerreiras" importantes para o pai, seja a capacidade atlética, a excelência acadêmica ou o perfeito treinamento militar ou terrorista). A criança aprende a observar de perto um pai punitivo, a pensar antes de dizer ou fazer alguma coisa e a guardar seus pensamentos para si. Ela perde a espontaneidade, tornando-se "uma criança que foi sempre velha", um solitário que esconde de si mesmo, mediante uma atitude de superioridade e de desdém, seu isolamento e sua inveja das pessoas que pertencem a alguma coletividade.

O OPORTUNISTA: SIEGFRIED

Siegfried deixa Brunnhilde para buscar a aventura e a fama. Embora sua chegada seja oportuna para os planos dos gibichungs, é ele que os procura, sendo eles reflexos do vazio da sua vida inteira. Siegfried é um herói famoso que acabou de sair da floresta e se impressiona com os sinais aparentes da riqueza e da propriedade dos gibichungs, ficando lisonjeado com a generosa oferta de amizade feita com intenções manipuladoras por Gunther. Então, a atraente e sofisticada Gutrune lhe oferece uma bebida com uma poção, e ele a bebe.

Mime já lhe oferecera uma bebida envenenada. Na época, ele fora capaz de ver a verdade sob palavras enganosas, de conhecer seus verdadeiros motivos e de recusar a bebida. Embora tenha, como todos nós, a capacidade de "ouvir" a verdade, dessa vez Siegfried não a escuta. Desprezamos com frequência a intuição, especialmente em situações nas quais pessoas de quem devemos desconfiar exibem personas tão impressionantes e palavras tão encantadoras.

Siegfried é enganado pelos gibichungs e ingere a poção que o faz esquecer Brunnhilde, apaixonar-se por Gutrune e cair na teia de Gunther. Sem a necessidade de uma poção, é muito frequente a ocorrência de uma sequência semelhante na vida de homens talentosos e ambiciosos, heróis em ascensão. Ao descobrir que são acolhidos num grupo de pessoas sofisticadas ou afluentes, eles podem esquecer a namorada ou a pessoa que não cabe nesse novo grupo e rejeitar os valores que ela representa. Apaixonado por uma nova imagem de si mesmo, ele fica cheio de si na presença de uma mulher que pertença ao grupo de que ele quer fazer parte agora, deixando de lado a mulher que o ama e que, tal como Brunnhilde, o ajudou a obter a educação e o equivalente ao cavalo e à armadura para enfrentar o mundo mais amplo. Ele se esquece dela em seu coração e esquece o homem que costumava ser. Camaleônico, um Siegfried assume a aparência de Gunther ao criar uma persona adequada a esse novo grupo ou classe.

A esposa que ajudou o marido durante a escola de medicina e a residência e é deixada por ele ao final é um clichê, por ser demasiado comum. Embora haja razões relativas à formação profissional e a situações pessoais individualizadas que causam isso, o oportunismo também pode ter sua participação. Ele passou por um árduo treinamento que o tornou um "herói", sendo agora um homem que uma "Gutrune" desejosa de desposar um médico acha atraente. O homem, por sua vez, é aceito num mundo afluente consciente da posição social com relação ao qual ele pode ter aspirações. Se esse for o caso, ele pode ser atraído por uma mulher que corresponda à sua nova condição, uma mulher que, aos seus olhos, seja uma "esposa de médico" mais apropriada do que a operária que lhe possibilitou ser doutor. Um filme clássico, *Room at the Top*, faz a crônica da ascensão de um homem ambicioso de família trabalhadora que, tendo a oportunidade de casar com a filha do chefe, mas precisando livrar-se da mulher dedicada de sua vida, planeja matá-la. De modo geral, o assassínio é um ato metafórico, não literal. Siegfried trai facilmente sua Anima e a mulher que o ama. Sua família deficiente o preparou para agir assim. Mime o manipulou e usou, deixando-o suscetível a ser usado e a usar outras pessoas. Há "gibichungs" oportunistas em toda parte. Eles são também figuras interiores influentes, comuns na psique de pessoas criadas em famílias que se preocupam mais com a própria posição social do que com os sentimentos dos filhos. Esses filhos se tornam adultos narcisistas que continuam a descartar o que sentem, e não consideram os sentimentos dos outros, o que torna fácil que venham a ser oportunistas manipulados por outros oportunistas.

SIEGFRIED E O ELMO DE TARN: O CAMALEÃO

Quando fica sabendo para que serve o Elmo de Tarn, Siegfried pensa imediatamente em usá-lo. Ele propõe e realiza seu plano de aparecer a Brunnhilde como Gunther. Siegfried entrou num mundo social de que pode ser parte, bebeu a poção e descobriu que pode mudar de aparência e ir para onde quiser. Em termos metafóricos, o Elmo de Tarn lhe dá o poder de assumir qualquer persona que faça progredir suas ambições; e a capacidade de fazê-lo pode levá-lo ao lugar que ele quiser. A poção permite que ele esqueça qualquer pessoa que um dia foi importante para ele e fique superficialmente apaixonado por quem quer ou pelo que quer que o atraia. São essas as qualidades que tornam alguém camaleônico, quando esse alguém é atraente, brilhante, sedutor além da conta e, portanto, bem-sucedido à primeira vista.

Siegfried passou de um ninguém que morava numa caverna com um anão por pai a um herói que matou um dragão com a espada forjada por ele mesmo. Ele entra no mundo social como o herói do momento (como acontece com campeões dos esportes ou heróis de guerra) e é considerado pelos gibichungs um homem que vai melhorar sua posição social. Na companhia deles, Siegfried esquece Brunnhilde por completo e aprende a usar o Elmo de Tarn. Em termos psicológicos, ele é um homem destemido sem vínculos familiares ou emocionais, nem vínculos com sua alma ou Anima, dispondo apenas de uma reputação heroica. Ele carece de profundidade e de lealdade; pode mudar de persona quando isso é útil e enquadrar-se em qualquer ambiente, tendo sido atraído para a companhia de pessoas para quem a fama e as aparências são importantes.

Há em Siegfried adulto a criança privada e solitária que andava pela floresta, tocando sua trompa, na esperança de atrair um amigo. Essa criança seguiu o pássaro, ainda com anseios de conseguir um amigo e imaginando como seria ter uma mãe. Foi essa criança adulta que chegou até Brunnhilde, se apossou de tudo o que ela tinha a oferecer e partiu em busca da aventura e da fama. Essa criança adulta também procurava um amigo homem e descobriu, para sua felicidade, que Gunther o recebera bem, fizera dele um irmão de sangue e lhe oferecera a irmã.

Siegfried é como uma criança egocêntrica que não tem ideia de quão profundamente uma mulher poderia ser afetada pela sua traição e perda, pois isso está além do seu alcance em termos de desenvolvimento. Como a maioria das crianças adultas de famílias deficientes, ele não tem contato com os seus próprios sentimentos porque, na melhor das hipóteses, ninguém os valorizou e, na pior, alguém o puniu por exprimi-los. Ele não pode ter empatia pelos outros, em parte porque não sabe muito sobre sentimentos e porque Mime escondeu dele seus verdadeiros sentimentos, dizendo-lhe mentiras. Quando criança, Siegfried não foi genuinamente amado, sendo constantemente enganado quanto a isso. Palavras relativas aos sentimentos foram usadas para manipulá-lo, e ele nunca passou pela experiência de ver palavras, emoções e linguagem corporal se juntarem numa autêntica expressão de sentimentos.

A pessoa camaleônica aprende a ser agradável e manipuladora. Ela se adapta, muitas vezes inconscientemente, àqueles que a cercam. Trata-se de uma adaptação superficial; que não reflete nenhuma profundidade de sentimentos.

O OBEDIENTE E PASSIVO OBJETO DE PRAZER: BRUNNHILDE COMO VÍTIMA DE ABUSO

Quando chega ao castelo gibichung, Brunnhilde está arrasada e tem os olhos baixos. Ela caminha atrás de Gunther, passiva e obediente, uma cativa inerte que é recebida como a noiva de Gunther. Nesse ponto, ela está numa depressão entorpecedora e faz o que se espera dela. Sua aparência e seu comportamento são típicos de uma mulher que foi violada e ainda não está em contato com os seus sentimentos. Ela também age como um filho obediente de uma família deficiente, estupefato e impotente depois de passar por um trauma.

Os eventos que a atingiram têm paralelos na vida cotidiana. Quando ela desobedece a Wotan e tenta salvar Siegmund, a ira do pai e a punição que ele decreta são devastadoras. Ela fora a filha favorita do pai e, até aquele momento, vira nos olhos do deus, que agora a encaram com ódio e fúria, amor, orgulho e ternura. Os ciúmes sexuais e a impotência, bem como os pressupostos errôneos (sua projeção) de Wotan de que ela o considerara fraco, alimentam uma raiva terrificante na sua intensidade e destrutividade. Além disso, ele lhe diz que a abandonará para sempre, deixando-a ser sexualmente violada e, a partir de então, dominada pelo primeiro homem que a encontrar.

Na vida diária, as crianças são com demasiada frequência alvo da raiva impotente e da fúria vindas de um pai de cuja proteção elas dependem; esse pai pode lançar-lhes terríveis acusações que estão além da sua compreensão, prometendo castigos tão apavorantes para elas quanto o de Wotan foi para Brunnhilde. Quando um adulto é dominado pela raiva, o genitor amoroso que a criança conheceu deixa de existir. Uma vez traumatizada pelo abuso, a pessoa deixa de ser a criança ou a jovem mulher atuante, espontânea e emocionalmente sensível que costumava ser, e se torna passiva e obediente. Isso também pode acontecer com uma mulher cujo cônjuge a deixa terrificada com sua fúria irracional e hostil. Adultos que, quando crianças, sofreram esse tipo de ira parental, para a qual o alcoolismo contribui, precisam tomar consciência do que lhes aconteceu como um primeiro – e doloroso – passo na recuperação de uma criança interior isolada, medrosa e deprimida – isso é a chave da transformação em uma pessoa que sente autenticamente.

Imaginemos que essa situação seja igual a estar numa casa na companhia de uma figura forte e raivosa, que é um gigante em comparação conosco, tal como um adulto é para uma criança. Não há quem nos proteja, nem para onde ir. Essa figura está dominada pela raiva, ou pelo álcool e pela raiva, diz palavras que machucam e quer que nos sintamos mal. Não há como argumentar com ela. Tememos que ela possa nos bater e nos machucar. Há tensão sexual no ar. O que ela ameaça fazer é apavorante, e podemos imaginar isso acontecendo. Talvez ela cumpra a sua ameaça. E o pior de tudo é que não se trata de um estranho, mas de alguém que cuidou de nós e nos amou, o que torna tudo uma terrível traição, algo que nos deixa deveras confusos. Podemos bloquear essas lembranças, ficando inconscientes – como aconteceu com Brunnhilde na rocha onde passou vinte anos. A volta dessas lembranças, embora dolorosa, traz a promessa da possibilidade de um retorno de sentimentos há muito "adormecidos".

Quando Brunnhilde ouve a trompa de Siegfried e antecipa jubilosamente sua vinda, mas encontra diante de si um estranho, que, vendo-a vulnerável, vai se apossar dela e tornar-se o seu senhor, o horror a que Wotan a expusera é percebido em sua totalidade. Seu longo sono e seu amor por Siegfried mantiveram isso a uma dada distância emocional.

A situação paralela da vida cotidiana é o abuso ou estupro conjugal por um marido que já não é reconhecível como o amante por quem a esposa se apaixonou, nem como o marido que prometeu honrá-la e amá-la. É provável que ela se comporte como se isso fosse uma recapitulação de abusos sofridos na infância, o que torna a ocorrência um destino "decretado pelo pai". A obediência passiva de Brunnhilde a Gunther é a da criança que sofreu abusos.

A valquíria sai desse estado passivo e obnubilado quando é apresentada a Siegfried e a Gutrune, Siegfried a olha sem reconhecê-la e está com a mulher que vai ser sua esposa. Brunnhilde fica confusa e atordoada. O que está acontecendo é, no início, algo em que ela não pode acreditar. Então ela vê no dedo de Siegfried o anel que lhe foi tirado à força pelo homem que ela pensava ser Gunther; e Brunnhilde começa a juntar as coisas. Quando fica claro o que Siegfried fizera, a valquíria grita de angústia diante da traição, havendo clareza e determinação em suas raivosas acusações. Pela primeira vez desde que Wotan lançara sobre ela a sua ira, tirando-lhe a identidade, ela volta a ser a valquíria ativa que fora. É com a autoridade que tinha como valquíria que ela afasta os dedos de Siegfried da lança em que ele comete perjúrio e põe os seus para decretar que ele tem de morrer.

Com ajuda do intelecto, Brunnhilde junta os pedaços do seu confuso passado emocional enquanto se lembra do que aconteceu. Não se trata somente do fato de o abuso e a traição serem dolorosos, levando as lembranças a serem bloqueadas ou reprimidas; há também uma profunda confusão que a faz duvidar da sua própria experiência, tornando as coisas nebulosas. Quando olha para Siegfried e este não a reconhece, Brunnhilde de início fica aturdida e confusa, algo que tem paralelos na vida real quando alguém não confirma promessas que fez. Naquele momento, Siegfried agia como um homem que um dia pareceu profundamente apaixonado por uma mulher e mais tarde nega que houvesse algo de especial entre eles; assim, ela é duplamente traída por Siegfried: com outra mulher e na lembrança. O fato de Siegfried não reconhecer que Brunnhilde tenha razões para estar irritada é uma fonte de confusão: não havendo realidade consensual, ela se sente como se aquilo que de fato aconteceu entre eles tivesse ocorrido apenas na sua mente. Além de deixá--la magoada e irritada, isso a faz sentir-se louca e confusa.

As crianças de famílias desajustadas têm razões semelhantes para ficarem confusas. Um genitor abusivo fica sóbrio no dia seguinte, a raiva passa, ou o abuso ocorre nas trevas da noite e, na manhã seguinte, o genitor olha para a criança como se nada tivesse ocorrido e não houvesse razão para ela ficar irritada; há expectativas de que a criança fique alegre diante do equivalente da celebração do casamento de Brunnhilde. Em muitos lares desajustados, o outro genitor não está à disposição da criança e não a protege, e ninguém admite que algo de ruim esteja se passando. É uma situação muito confusa, que leva as crianças a reprimir o máximo possível o que aconteceu e a desconfiar daquilo que sentem e percebem. Distinguir entre um sonho ruim e a realidade é uma tarefa do desenvolvimento que a maioria das crianças aprende naturalmente, tornando-se muito mais difícil em circunstâncias abusivas.

A primeira coisa que Brunnhilde vê com clareza é a verdade da situação. Isso também se aplica a crianças adultas a caminho da recuperação dos seus eus autênticos. A verdade não é agradável e traz à tona sensações incômodas: em primeiro lugar, a dor e a angústia diante da traição e da perda, e, em seguida, a raiva e a fúria. A raiva de Brunnhilde é tão grande que ela quer ver Siegfried morto. Isso é oportuno para Hagen, que vive em busca da vingança e do poder. Em termos psicológicos, ficar igual a Hagen constitui um grande perigo no caminho da recuperação, em que a vingança e um desejo de poder capaz de impedir que a pessoa volte a ser uma vítima tomam conta da personalidade.

O JURAMENTO COMO TESTE DA VERDADE: NUM MUNDO MASCULINO, BRUNNHILDE É DESACREDITADA

Brunnhilde acusa Siegfried de traí-la, algo que, se verdadeiro, também traria a desonra a Gunther e a Gutrune. Eles e os seus vassalos exigem que Siegfried lhes garanta que "tudo o que ela diz é uma mentira". Para lhes dar essa garantia, ele teve de jurar na ponta de uma lança que está dizendo a verdade. Uma vez que o faz, acreditam nele. Quando Brunnhilde põe seus próprios dedos na mesma ponta da lança, repetindo que Siegfried não cumpriu suas promessas, eles não acreditam nela e a tratam paternalisticamente como uma mulher descontrolada que precisa de repouso para voltar a si.

Mulheres que acusam homens são tratadas muitas vezes de maneira semelhante: em relatórios policiais de violência doméstica, em que se acredita na versão do homem; na corte, quando são descaracterizadas acusações de estupro por se dar crédito ao homem; nas audiências do Senado destinadas a determinar a capacidade de um homem como juiz da Suprema Corte

— Clarence Thomas foi confirmado no cargo depois de negar com veemência as acusações de Anita Hill de assédio sexual a ela. Thomas (tal como Siegfried) não se esforçou para refutar as acusações específicas de Hill; bastou-lhe mostrar-se indignado. Num mundo masculino, a palavra de um homem tem mais peso do que a de uma mulher; esta, se persistir e se irritar por não merecer crédito, será discriminada ainda mais pelo seu "descontrole".

A MORTE DE SIEGFRIED: O TRIUNFO DA VINGANÇA E DA COVARDIA

Quando o grupo de caça alcança Siegfried, os três homens ficam juntos. Hagen e Gunther sentam ao lado de Siegfried; o caráter de cada um deles e as circunstâncias moldadas por eles e por outros levaram-no até ali. Gunther está profundamente perturbado pela cumplicidade no planejamento da morte de Siegfried e pelo conhecimento do que está para acontecer. Gunther não é mau; é um fraco que pode ser influenciado para participar de um mal. Embora perturbado, sua fraqueza de caráter, que o fez concordar com Hagen, o levou passo a passo até aquele momento. Hagen não tem dúvidas; ele é um homem cuja psique foi moldada para aquele momento. Ele é como uma máquina inteligente programada por Alberich para cumprir ordens codificadas nele anos antes à espera dessa oportunidade. Siegfried não desconfia de nada.

Homens de caráter semelhante ao de Hagen e ao de Gunther (e até homens como Siegfried) têm com frequência sonhos em que assassinam alguém; e, numa análise em que eles finalmente sejam ouvidos, podem sonhar que são descobertos. Os sonhos são afirmações, indícios escritos em imagens simbólicas que nos dizem o que aconteceu na infância ou na adolescência dos sonhadores. Como reação a males a eles infligidos, esses homens mataram uma parte de si mesmos, sacrificaram-na; e, mesmo que isso tenha sido exigido por um genitor, nos seus sonhos eles são a parte culpada, pois o fizeram. A vítima pode ser uma criança, que representa a parte confiante, afetuosa, folgazã ou criativa do homem; às vezes é uma mulher, representando sua Anima e/ou um relacionamento real que ele tenha desfeito; pode ser também um homem, que representa a parte assassinada do sonhador, podendo ainda ter uma identidade vaga e desconhecida: uma afirmação de que a violência foi cometida, mas sem que esteja claro na psique o que ou quem a sofreu.

Hagen dá a Siegfried uma bebida, falando casualmente a respeito de rumores segundo os quais, quando os pássaros cantam, o herói entende o que eles dizem. Siegfried explica que isso de fato é verdade, mas que há muito tempo não tem seguido suas canções. Para fazê-lo, metaforicamente, ele teria de ter dado atenção à própria intuição e ouvidos à sua própria voz interior de sabedoria. Para todos nós, a solidão e a introspecção são necessárias para que ouçamos a verdade vinda dessa fonte – e Siegfried estava aprisionado nas atividades extrovertidas da sua nova vida de herói. Pouco depois, ele comenta que, desde que as mulheres cantaram suas canções para ele, não cuidou mais do canto dos pássaros.

Ao contar suas aventuras, o herói não pensa no efeito que vai causar em Gunther e nos vassalos gibichungs a referência à sua "noiva gloriosa", Brunnhilde. Gunther fica arrasado e envergonhado por Siegfried, que o está humilhando, e à sua irmã, diante dos vassalos. Contudo, um momento depois, Gunther pega o braço de Siegfried como se quisesse afastá-lo do perigo da lança de Hagen. Talvez seja um gesto involuntário da parte de Gunther que não quer ser cúmplice do assassinato; talvez ele tome uma decisão consciente repentina de salvar Siegfried. Seja como for, ele age tarde demais.

A MORTE DO ARQUÉTIPO DO HERÓI

O herói é um arquétipo que pode ser vivenciado durante um estágio da vida de um homem (e, por vezes, de uma mulher) ou convocado quando precisamos enfrentar algo que nos infunde temor. Pode ser o medo do que os vizinhos vão pensar, uma proibição de ir além da nossa classe social ou de ter mais sucesso que o pai, o medo da pobreza que inibe a disposição de correr riscos, o medo de dizer a verdade acerca dos próprios sentimentos, de parecer tolo ou de ser vulnerável, de enfrentar uma pessoa ou um sonho ou uma figura de autoridade. Tudo quanto os pais temiam fazer, pensar, sentir ou ser é transmitido para o filho, que permanecerá como criança adulta se aceitar passivamente tudo o que lhe dizem para temer. Essas coisas são inibições da jornada em busca de ser autenticamente o que se é. Para superar esses temores, a pessoa deve pensar com clareza, ser capaz de tomar decisões e agir corajosamente – recorrendo ao arquétipo do herói, que é um potencial em todos nós.

Hagen e Gunther são crianças adultas. O primeiro faz o que o pai manda; o segundo acompanha algo a que não tem forças para se opor. Além disso, os dois também são motivados pela ambição do poder, algo que pessoas desvalorizadas e não amadas costumam procurar. Matando Siegfried, eles matam simbolicamente o arquétipo do herói em si mesmos. (Contudo, nada da psique pode ser morto com certeza e para sempre; todos os arquétipos são potenciais alimentados e desenvolvidos pela família,, pela cultura e pelas circunstâncias, ignorados e não desenvolvidos, ou ativamente punidos e reprimidos. Potenciais arquetípicos podem ser reprimidos ou suprimidos, ficando, assim, "enterrados"; mas não estão mortos e enterrados, mesmo que sejam aparentemente mortos repetidas vezes. Na qualidade de arquétipos, eles podem vir à vida, do mesmo modo como memórias enterradas tendem a voltar à superfície, ainda que décadas depois.

Gunther vacila entre ser cúmplice do assassinato e salvar a vida de Siegfried. Embora vazio e covarde, ele é o tipo de pessoa considerada basicamente decente; gosta de Siegfried e o admira, não quer que a irmã sofra e deseja que as pessoas pensem bem dele. No último momento, Gunther pega o braço de Siegfried, como que para afastá-lo do perigo ou adverti-lo, mas é muito tarde para Siegfried e muito tarde para que o arquétipo do herói de Gunther aja.

O herói é um arquétipo ou parcela potencial da psique de todos. Pode ser o arquétipo predominante numa fase da vida ou um aspecto positivo da psique a que se recorre quando necessário. Porém, quando toma conta da personalidade de um homem e chega a dominá-la, impõe-lhe uma limitação. Homens que se identificam com o arquétipo do herói tendem a viver alimentados pela glória de suas façanhas passadas, contando velhas "histórias de guerra" a quem quer que os ouça, e podem também ter a necessidade compulsiva de ser heróis, necessidade que se manifesta em aceitar desafios de alto risco: é o que fazem alguns mercenários, policiais, cirurgiões, dublês e até homens de negócios que se arriscam repetidamente.

A VERDADE É REVELADA

Quando o corpo de Siegfried é levado para o palácio gibichung, Hagen diz a Gutrune que o herói fora morto por um feroz javali. Partindo de algum conhecimento interior, ela afirma que Siegfried foi assassinado, culpando o "irmão traiçoeiro". Gunther diz de imediato que Hagen foi o assassino, o que este prontamente admite.

A verdade é revelada: o que sente ser verdadeiro Gutrune afirma em voz alta diante da pessoa envolvida e na frente de outros. Ela quebra as regras cardeais da família desajustada e faz que a verdade seja admitida, testemunhada e ampliada. Embora Hagen seja o assassino, ela chama Gunther, corretamente, de traiçoeiro: ele a traiu ao aceitar o plano de assassinar Siegfried.

O próximo assunto a ser esclarecido é o poder. Hagen reivindica o anel dos nibelungos, e Gunther o contesta, dizendo que ele pertence a Gutrune (e, por extensão, a si mesmo). Eles lutam pelo anel e Hagen mata Gunther (do mesmo modo como Fafner matou o irmão em *O Ouro do Reno*).

Em termos psicológicos, Gunther é o homem vacilante e decente, mas fraco; a criança adulta que deu demasiada atenção ao que os outros pensam e muito pouca ao que de fato sente; alguém que precisa aliar-se ao arquétipo do herói que existe em si mas não o faz. Sob a influência de Hagen, ele pôs a perder a lealdade e os sentimentos que de fato tinha e compactuou com o mal. O homem decente mas fraco torna-se o cúmplice, aquele que é isolado de outras pessoas com as quais um dia se preocupou e se comprometeu por inteiro; no fim, Gunther "é morto por Hagen" nessas circunstâncias.

Hagen pode ser uma má influência na vida exterior de Gunther, uma personalidade forte que o domina; ou pode ser uma figura interior de sombra, uma parte oculta, negativa e hostil que no final pode se apossar de um homem com uma persona igual à de Gunther se as circunstâncias se mantiverem contra ele. O homem um dia agradável e sociável que se preocupava com as aparências torna-se então um Hagen retraído, deprimido e hostil, que reprime a si mesmo.

Tão logo Gunther morre, Hagen tenta tirar o anel do dedo de Siegfried. Mas não consegue, pois o braço do herói morto se ergue ameaçadoramente por si só, tal como o teria feito Siegfried vivo caso Hagen o tentasse. O anel pertence ao herói e, embora este tenha sido assassinado, o poder que tinha não vai ser entregue dessa maneira. Siegfried obteve o anel ao matar o dragão e ouvir o pássaro; o anel era para ele o que ele disse que era: um símbolo do seu feito heroico, um anel que ele um dia dera a Brunnhilde como prova de amor. O assassino de um herói pode alcançar fama e notoriedade, mas não pode tirar o poder do herói para o seu próprio uso; o poder de um herói vem de suas proezas, algo que ninguém pode reivindicar ou tirar do seu corpo – ao contrário da riqueza ou do poder ditatorial, que podem ser tomados.

Resta uma verdade a ser revelada. Gutrune se considera viúva de Siegfried e, ao ver Brunnhilde se aproximar, a acusa de incitar os homens contra Siegfried com as suas palavras. Brunnhilde responde delicadamente: "Pobre criatura, paz! Pois tu e ele não éreis casados; foste a sua amante, nunca a sua esposa". Brunnhilde é compassiva e clara. Qualidades que a valquíria tivera e haviam sido temporariamente perdidas lhe voltaram.

Quando Brunnhilde diz a verdade a Gutrune, esta a admite de imediato, embora estivesse apegada a outra realidade um momento antes – da mesma maneira como soube, ao ver o corpo de Siegfried levado, que ele fora assassinado. Gutrune não pede provas, pois sabe quando a verdade se manifesta.

Trata-se de um modo intuitivo de saber, vinculado aos sentimentos, com frequência denominado intuição feminina, porque as mulheres parecem confiar numa gnose ou conhecimento interior mais do que a maioria dos homens está disposta a fazer ou, ao menos, reconhecer.

Em famílias desajustadas, as pessoas só falam a verdade acerca dos sentimentos que a família específica considera aceitáveis; o sentimento das pessoas umas com relação às outras é muitas vezes mantido em segredo, não sendo admitido por elas sequer para si mesmas. Contudo, quando os sentimentos finalmente são revelados e estamos prontos para ouvir, nós os sabemos reconhecer – como faz Gutrune.

Quando ouve as palavras de Brunnhilde, Gutrune não sabe apenas que a valquíria fala a verdade; ela reconhece também a verdade das suas próprias ações, ficando envergonhada. No entanto, acusa Hagen por sugerir que ela desse a Siegfried a poção que o fez esquecer Brunnhilde e apaixonar-se por ela. À sua maneira, Gutrune é tão fraca e, em consequência, tão traiçoeira quanto acusa Gunther de ser. Ambos são responsabilizados – pela vida –, em última análise, por ouvir Hagen.

A EVOLUÇÃO DE BRUNNHILDE MEDIANTE O SOFRIMENTO

Brunnhilde vivenciou toda a gama de emoções e sofrimentos humanos. Ela ama três gerações de homens de sua própria linhagem familiar. Vê em primeira mão e sente emocionalmente os resultados destrutivos da busca do anel do poder por Wotan sobre Siegmund, Siegfried e o próprio Wotan. Quando conclama este último a ser sua testemunha e ouvi-la, ela o faz para lhe dizer que Siegfried foi obrigado a partilhar da maldição do deus, que o condenou.

Brunnhilde é a filha de Erda, a sábia, e de Wotan, que buscava a sabedoria. Quando desperta Erda para perguntar se a roda em movimento incessante pode ser detida, Wotan descobre que a resposta está além do conhecimento da deusa. Ela diz que ele pode obtê-la de sua filha, Brunnhilde, que é tão sábia quanto corajosa.

Brunnhilde tem a coragem de agir a partir do coração, o que a tornou humana. A sabedoria vem mais tarde, depois de muito sofrimento e dor. Suas palavras a Wotan são: "Mediante o sofrimento, tornei-me sábia". Essa afirmação evoca a sabedoria que eu creio só vir por meio da experiência de uma descida na perda, na traição, na raiva e no pesar. A sabedoria é a saída – aquilo que encontramos aí, se temos a coragem de procurar e enfrentar a verdade – e nos leva a abrir o coração outra vez. A verdade refere-se à realidade da situação e ao caráter das pessoas envolvidas, incluindo nós mesmos. A sabedoria vem de uma profunda fonte humana e só é acessível depois de nos libertarmos das acusações, das culpas e da raiva e podermos sentir pesar.

A sabedoria diz que todas as coisas passam; que o sofrimento é uma parte da vida; que a vida é uma jornada espiritual significativa; que renunciar ao amor pelo poder, pela riqueza e pela fama é uma escolha destrutiva baseada no medo; que o amor é o mistério acerca do qual aprendemos um pouco mais cada vez que corremos o risco de sentir dor ao abrir o nosso coração a algo ou a alguém; e que a mudança é inevitável.

Brunnhilde evoluiu, tornando-se um ser humano tão corajoso quanto sábio. Na qualidade de filha de Wotan e de Erda, ela tem em si duas linhagens. É um símbolo da pessoa que pode libertar-se da necessidade patriarcal obsessiva de poder e ainda ter autoridade, autoestima e capacidade de agir, aquilo para que o fato de ser uma valquíria – ou uma filha (ou filho) privilegiada do patriarcado – prepara uma pessoa. Embora não tenha contato direto com Erda, sua filha mergulhou nas profundezas a que o pesar leva uma pessoa e descobriu a sabedoria. A sabedoria que vem da meditação sobre o sofrimento e sobre o pesar, e a obtenção de um conhecimento com o qual se possa avançar, podem ser consideradas um encontro com Erda, que sabe "o que foi, o que é e o que será".

Enquanto contempla o corpo de Siegfried, a quem amou e a quem deu tudo o que tinha, e a quem depois odiou com um furor assassino de vingança que contribuiu para a sua morte, Brunnhilde sabe que ele foi "o mais verdadeiro dos amantes, e o mais falso", tal como ela o foi para ele. Siegfried, assim como ela, foi tanto traidor como traído. Ela aceita o que aconteceu e perdoa. Olhando para o rosto do amado, ela é como a mãe ou a amante que contempla o rosto adormecido daquele a quem ama, rosto que, no sono, é inocente e vulnerável. Num momento desses, só há amor.

Nesse instante de contemplação, ela descobre "o que deve ser" e, guiada pela certeza e sabedoria interiores advindas do amor, sabe que tem de retirar o anel e usá-lo para entrar no fogo, onde ele será liberto da sua maldição, podendo depois ser devolvido ao Reno. Dando apenas amor, ela atira a tocha na pira. Então, chamando o cavalo, cavalga para dentro do fogo.

O próprio amor é o ouro puro que a valquíria nos dá, o tesouro que ela veio a conhecer através da sua humanidade e da sua sabedoria. O poder sobre os outros, que o anel dos nibelungos representa, é aquilo a cuja busca só nos dedicamos quando desistimos de ser amados.

O FIM ÍGNEO DE BRUNNHILDE: SUICÍDIO OU TRANSFORMAÇÃO

Brunnhilde faz Grane entrar na pira funerária de Siegfried, um ato que os abrasa e dá a Loki o sinal para incendiar o Valhalla, marcando o fim dos deuses e a destruição da velha ordem. Ela mergulha no fogo usando o anel dos nibelungos, entregando-o às Donzelas do Reno depois de ele passar por esse fogo de purificação.

Na vida real, uma mulher traída e esquecida pelo homem a quem ama e que, em sua dor e raiva, fornece a informação que vai destruí-lo pode ficar cheia de culpa, chegando a cometer suicídio. Se o cometer, estará fazendo literalmente algo que precisa ser feito psicologicamente, o que se aplica, de modo geral, às pessoas que pensam suicidar-se.

O erro é fazer no concreto o que é necessário em termos simbólicos. O suicídio é uma expressão do anseio de pôr termo à dor desta vida, um ato de autodeterminação destinado a nos libertar. Ele também é muitas vezes um ato ritual de purificação, uma oferenda voltada para purificar uma alma da culpa, do ciúme ou de qualquer coisa interior que pareça ruim demais para continuarmos a suportar. Pode ainda ser um ato ritual de expressão cuja intenção é transmitir uma mensagem, revelar uma verdade que o suicida pensa erroneamente que por fim vai ser ouvida. Ou pode ser tomado como um meio de promover uma união com alguém que já morreu, um recurso usado porque a pessoa se sente demasiado incompleta sozinha.

Os alvos simbólicos do suicídio são, portanto, a libertação, a purificação, a expressão e a realização da totalidade, coisas que o suicida quer ter, na verdade, nesta vida.

Quem for seguir Brunnhilde metaforicamente terá como tarefa, como o sabiam os alquimistas, queimar as impurezas e retirar a unidade para tornar-se cinzas brancas puras. As qualidades da sombra que estão presas à alma constituem as impurezas a ser expulsas pelo fogo: o desejo de vingança, a raiva, o ciúme, o orgulho, a depressão, o desespero, a culpa e a vergonha.

A verdade é o fogo que destrói e purifica relacionamentos, famílias e instituições deficientes, ao mesmo tempo que liberta o indivíduo. Os verdadeiros sentimentos, a lembrança do sofrimento e o reconhecimento da traição do *Self* e dos outros põem fim a papéis ultrapassados, velhas estruturas de poder e segredos cuja manutenção é destrutiva. Somente depois disso pode o ciclo do comportamento deficiente terminar.

A umidade como metáfora representa os sentimentos e as emoções, que são expulsos pelo fogo. A pira flamejante consome o corpo, que tem noventa e sete por cento de água, libertando metaforicamente a alma dos desejos e anseios do corpo – que podem tê-la levado a se apegar obsessivamente a alguém ou a entregar-se a uma substância que causa dependência. As cinzas puras que permanecem são a essência simbólica da pessoa, aquilo que atravessou o fogo intacto e verdadeiro.

Passar pelo fogo como processo alquímico ou de transformação interior exige esforço psicológico e espiritual, um trabalho em doze passos, meditação e um trabalho especial no corpo e com o corpo, com tudo aquilo que, sozinho ou em combinação, expõe a alma ao fogo que ilumina e acaba com padrões destrutivos de ser, expulsando pelo calor o que precisa desaparecer a fim de libertar a pessoa do comportamento compulsivo, das emoções destrutivas ou dos vícios e apegos.

Brunnhilde diz às Donzelas do Reno que, depois que o fogo consumir a pira, o rio vai subir e alagar as margens, recuperando as cinzas e o anel dos nibelungos. Agora purificado, o anel voltará a ser o Ouro do Reno – uma fonte de beleza, de pureza e de numinosidade nas profundezas do Reno. As cinzas de Brunnhilde e Siegfried – ora misturadas – ficarão imersas em suas águas. Tal como num processo alquímico, assim que passamos pelo fogo, vem a imersão em água: os sentimentos retornam, e revivemos. Mais uma vez, mergulhamos no rio da vida.

O Ouro do Reno é um símbolo do arquétipo do *Self*, que ilumina as nossas profundezas. Uma vez que ele se encontre no lugar que lhe cabe por direito, deixamos de confundir esse ouro verdadeiro – que constitui um poder espiritual que não podemos possuir – com algo que, se estivesse nas nossas mãos, nos confeririam poder no mundo. O Ouro do Reno liberta-nos da necessidade compulsiva de adquirir poder, fama, riquezas, trabalho, intoxicantes ou um amor vicioso como substitutos de um vínculo com o *Self*, vínculo mediante o qual aprendemos o que importa e sabemos que o amor e a beleza existem em nós.

CAPÍTULO 5

LIBERTAR-NOS DO CICLO DO *ANEL*

Há uma mensagem para todos nós em *O Anel dos Nibelungos*. Ela fala da necessidade de descobrir a verdade da situação, para que deixemos de desempenhar, sem perceber, um papel na nossa própria versão do ciclo do *Anel*. Da mesma maneira como reagimos aos sonhos de acordo com o grau de aceitação da verdade que eles expressam simbolicamente ou da resistência a ela, assim também acontece com a nossa propensão a ver paralelos entre o ciclo do *Anel* e a vida real numa sociedade patriarcal e desajustada que se baseia na busca obsessiva do poder, que destrói personalidades e relacionamentos. Há graus de percepção que vão do plano intelectual ao da transformação.

Quando absorvemos a verdade de um sonho ou percepção intensos, essa verdade nos transforma e torna impossível permanecermos como estamos – sendo essa a razão por que muitas vezes resistimos àquilo que sabemos ser verdade e o negamos. Por exemplo, qualquer um pode lembrar-se de evitar a verdade acerca de um relacionamento significativo ou da necessidade interior de fazer uma mudança até que isso se torne inevitável.

Fazemo-lo porque a verdade com frequência implica deixar o nosso mundo familiar ou ser expulso dele. Assim, na maioria das vezes, sempre que possível, recusamo-nos a reconhecer que alguma coisa não tem sentido, que o amor acabou ou que estamos sendo vítimas de abusos.

O amor e a paixão por algo ou por alguém, um chamado que parece vir do destino, as percepções ou verdades positivas que existem dentro de nós – tudo isso pode ser objeto de resistência, porque nos põe em conflito com as expectativas alheias ou com as nossas lealdades, por exigir que sacrifiquemos aquilo que somos agora e o modo como somos vistos pelos outros, ou em função do fato de não sabermos o que vai acontecer conosco ou com outras pessoas se alterarmos o nosso curso. A consciência como a percepção da verdade traz consigo a escolha. Mesmo que nada façamos, uma vez que vejamos e sintamos a verdade de uma situação, sabemos que não agir já é escolher e que calar é consentir.

Ao longo de *O Anel dos Nibelungos,* deparamos com paralelos da vida real, da nossa vida real particular, da mesma maneira como os nossos sonhos nos falam do que é verdadeiro. Sugiro a quem desejar saber mais sobre os nossos vínculos pessoais com o ciclo do *Anel* que se lembre das cenas e personagens que lhe causaram uma forte impressão e pergunte a si mesmo do que ou de quem elas o recordam. Por exemplo, esteve presente na minha mente a ideia de que um homem charmoso que tentava me impressionar e me envolver num projeto era "um gibichung", uma indicação para que eu notasse o narcisismo, o vazio e o oportunismo que o faziam assemelhar-se a Gunther, servindo de alerta para que eu não me envolvesse.

Também é possível voltar a seções deste livro que comentam cenas ou personagens dessa natureza e ver se os comentários se aplicam a um caso em particular. O mais valioso, contudo, são as associações e lembranças pessoais: para onde a mente o leva? Que situações da sua vida são um eco das tensões entre personagens do *Anel*? Por exemplo, qualquer mulher que em algum momento da sua vida agiu como Brunnhilde, buscando a aprovação do pai ou de uma figura paternal, tendo-a perdido depois, pode recordar-se da situação e começar a compreender o que aconteceu. Qualquer homem que veja a si mesmo e ao pai como um Wotan irascível pode sentir pesar e tristeza porque a sua raiva instilou medo em seus filhos quando se lembrar de como ele era assustado quando menino. A verdade vai à frente. Quando nos dispomos a ver e a reconhecer o que aconteceu conosco e o que fizemos, torna-se possível a autoliberação de um ciclo de comportamento deficiente.

Em seu *Hero with a Thousand Faces* [O *Herói de Mil Faces*, Cultrix/Pensamento], Joseph Campbell escreveu acerca da jornada do herói, que se inicia com o chamado da aventura. Quando resolve seguir o chamado, o herói aventura-se além do seu mundo conhecido. Qualquer homem ou mulher a quem esse padrão se aplique é um herói/aventureiro; a jornada é uma busca, como a dos exploradores que foram à Antártida, à África misteriosa ou ao desconhecido Tibete. Esse arquétipo com frequência foi a motivação dos imigrantes que procuraram uma vida melhor na América, bem como um componente da vida de inúmeras outras pessoas que vão para a universidade ou para a cidade grande em busca da realização de um sonho. No começo da busca, o herói/aventureiro costuma ser confiante e destemido, e não percebe ou minimiza a possibilidade de que a perda, o sofrimento e o sacrifício sejam parte da sua jornada. Em contraste, a maioria das pessoas que vão ao meu consultório está na meia-idade. Elas empreendem o que mostra ser uma jornada de individuação; isso exige que elas encarem a verdade, e a verdade dos seus sentimentos, e se arrisquem a uma comunicação genuína, a fim de viverem de forma autêntica. Para muitas delas, a jornada começa, sem nenhum heroísmo, pelo abandono ou divórcio, por um fracasso nos negócios, por uma doença física séria ou que põe a vida em risco, por uma enfermidade psicológica ou pelo reconhecimento de que vivem uma mentira, de que são codependentes ou têm um vício. O passo além do mundo conhecido – para a psicoterapia ou a análise – que inicia essa jornada é dado como uma escolha consciente nascida antes da dor e da necessidade do que do chamado da aventura. Mas devo acrescentar que, quando a alma se engaja no processo e a pessoa recorre à sua fonte interior de sentido, a vida de fato se torna uma aventura.

O MOMENTO DE VERDADE DE BRUNNHILDE

Quando Brunnhilde contempla o corpo morto de Siegfried, testemunhamos um drama interior, expresso por meio da música, bem como pelas palavras que ela diz. O pesar, a angústia, a compaixão e a verdade vêm juntos. Trata-se do ponto de ruptura que determina o fim do ciclo do *Anel* e do anel do poder. Nesse momento de verdade, Brunnhilde percebe e aceita tudo o que aconteceu. Ela sabe quem é e o que deve fazer. Compreende que Siegfried, assim como ela – por ter participado do seu assassinato –, foi tanto "o mais fiel como o mais infiel amante". Os dois traíram um ao outro e ao amor que juraram respeitar eternamente. Ela projetara a sombra e o herói nele e vira a si mesma como vítima.

Brunnhilde dera a Siegfried seu cavalo, seu escudo e seu conhecimento; ele deveria ser o herói e ela, a mulher que espera a volta do seu herói. Ela lembra muitas mulheres independentes que sustentavam a si mesmas e eram ativas no mundo e que parecem esquecer essa parte de si mesmas quando se apaixonam, casam e ficam dependentes. Ao dar a Siegfried todos os seus atributos de valquíria, Brunnhilde perdera contato com essas qualidades de si mesma. Agora, o herói morreu e não vai voltar para ela, mas o arquétipo do herói retorna como parte dela mesma, permitindo-lhe agir destemida e decisivamente para fazer o que percebe que deve ser feito. (Da mesma maneira, ao esquecer Brunnhilde, Siegfried perdera contato com a parte de si mesmo que podia ser terna e fiel.)

Nesse instante de revelação, Brunnhilde sabe que o anel do poder que originara o ciclo tem de ser purificado e devolvido ao Reno. Ela aceita isso como o seu destino, cônscia de que terá de enfrentar a dor e a morte e mergulhar no fogo. Mediante esse ato de imolação e de sacrifício, a valquíria dará um fim à era dos deuses; o Valhalla e Wotan serão destruídos pelas chamas e uma nova era poderá se iniciar.

Homens e mulheres de hoje seguem simbolicamente Brunnhilde entrando no fogo quando reconhecem a verdade e decidem agir a partir dela, o que os leva a mergulhar no fogo do afeto emocional. A verdade inflama as emoções e as paixões, que podem consumir ou purificar. Iniciado esse processo, o mundo dos relacionamentos por nós conhecido pode de fato arder e pôr abaixo a velha ordem. Revelar segredos familiares é como descobrir a corrupção no governo. É algo que pode levar uma era a termo e permitir um começo novo e positivo. Também pode ocorrer de aquele que diz a verdade tornar-se um bode expiatório banido e punido.

Quando decidimos agir com base no que sabemos ser verdadeiro para nós mesmos, fazemos o que fazemos movidos por uma intenção cujo resultado não podemos prever; resta apenas esperar que aconteça.

MOMENTOS DE VERDADE: PONTOS DE RUPTURA PESSOAIS

Há pontos de ruptura interiores na vida de todos. Eu os considero "momentos de verdade", momentos em que sabemos ser profundamente verdadeiro em nós algo cuja aceitação vai modificar a nossa vida. Pode ser uma revelação interior de algo realmente importante para nós, de quem ou do que amamos. Pode ser um momento de clareza em que ficamos sabendo que estamos num relacionamento destrutivo ou sem sentido, não tendo mais condições de nos enganar a nós mesmos acerca da situação. Pode ser ainda uma revelação da natureza da realidade ou da realidade da divindade, revelação que causa uma mudança radical em nossa perspectiva filosófica, religiosa ou mesmo científica – depois dessa mudança, nunca mais poderemos perceber o mundo e o lugar que nele ocupamos como antes. Por fim, o momento de verdade pode abalar uma ilusão acerca de alguém, ilusão sobre a qual construímos uma vida ou uma identidade.

A verdade que enfrentamos pode dar a impressão de ter "surgido do nada" e ser totalmente inesperada, embora mais tarde possamos concluir que era algo havia muito sabido que finalmente venceu a nossa negação ou resistência. Num momento de verdade, podemos conhecer uma coisa de tamanha importância a ponto de mudar a nossa vida e o nosso mundo pessoal; em termos literais, algo que pode ter consequências de vida ou de morte.

Isso ocorreu com uma advogada, sócia de uma grande empresa, cujo sucesso nos litígios resultava da sua capacidade de se esforçar e de conseguir o melhor para seus clientes, de ser sua voz e sua defesa. Ao mesmo tempo, ela se calava sobre a sua infelicidade conjugal sendo incapaz de mudar a situação. O marido era uma geração mais velho. Também advogado, tinha uma personalidade autoritária; ela o desposara muito jovem. Ele era para ela pai, mentor e marido do tipo patriarcal; decidia não apenas o que eles ou ela fariam como também o que ela deveria sentir. Como o divórcio era impensável devido à sua formação, ela se via obrigada, para suportar de alguma forma o problema, a entorpecer e negar seus próprios sentimentos, o que parecia fazer muito bem ao concentrar os pensamentos e a energia na profissão. Assim era a sua vida quando ela descobriu que tinha um tumor no seio.

Ela reagiu friamente à possibilidade de estar com câncer. Com sua mente habituada às questões jurídicas, procurou opiniões sobre o melhor médico e marcou uma consulta com o especialista mais respeitado. Foi feita uma biópsia, depois da qual ela tinha de ir ao consultório para ouvir o diagnóstico, o prognóstico e o tratamento. Quando chegou o dia, ela se sentou na frente do médico tendo como principal pergunta não "o que tenho?", mas "o que devo fazer?", pois sabia, sem que lhe dissessem, que era câncer. O médico começou a falar e ela não ouviu nada do que ele dizia. Pela primeira e única vez na vida, ela ouvia uma voz na cabeça que dizia: "Você tem de conseguir o divórcio". Ela respondeu em voz alta: "Eu vou!". Isso pegou o médico no meio da frase.

Acompanha os momentos de verdade uma coisa inefável em que o sentimento, o conhecimento e a ação a ser empreendida convergem. A clareza do momento faz o tempo parar. Há uma quietude interior, uma cessação do movimento, um voltar-se para dentro que precedem a ação. O momento da verdade ilumina a situação como um todo e inclui o que se tem de fazer. É também uma experiência de totalidade, visto que informações que evitamos ou facetas de nós mesmos que reprimimos, negamos ou projetamos em outrem vêm à consciência.

É o caso dessa advogada. Ela me disse que sabia que o câncer surgira porque ela permanecera nesse casamento, que a estava matando metaforicamente, e que a doença tornara isso literalmente possível. Ela iniciou de imediato o processo de divórcio, com uma certeza interior de que a eficácia do tratamento dependia da separação. Habituada a lidar com casos de litígios, ela se tornara uma guerreira valquíria que entrava em batalhas em favor da sua empresa e do seu marido, da mesma maneira como Brunnhilde obedecera às ordens de Wotan. Agora, pela primeira vez, ela assumiu sua própria causa e agiu de modo decisivo em favor de si mesma.

As palavras não acompanharam outro momento inesperado de verdade que aconteceu com uma mulher cuja vida era um exemplo de sucesso de classe média. Exteriormente, era uma mulher que tinha tudo, uma casa grande, um marido bem--sucedido, dois belos filhos, participação em clubes de luxo, uma vida invejável. Um dia, seus olhos deram com algumas brochuras recém-entregues e, enquanto esperava que o homem com quem conversava atendesse a um telefonema, ela aproveitou para ler sobre um programa experimental em nível de Ph.D. na área de psicologia transpessoal. O que começou como uma olhada casual veio a ser um momento de verdade profundamente transformador.

Inesperadamente, ela se viu inundada da alegria que pode acompanhar os momentos de verdade. Quando tudo se encaixa num desses momentos, há muita clareza sobre quem se é e a respeito de quem se pode ser; trata-se de um momento de transcendência, de um instante sagrado e jubiloso, de uma experiência do corpo e da alma em que o coração e todo o ser físico se sentem inteiramente tomados pela alegria e, às vezes, também pela luz. Embora dure apenas um átimo, a revelação faz o tempo parar.

Até ter lido o anúncio, ela não sabia o que estava buscando nem quanto ansiava por ter uma vida mais profunda, de cunho mais espiritual, em que o seu desenvolvimento intelectual também tivesse lugar. Naquele momento de verdade e de clareza, ela respondeu, com um "Sim!" interior, que viveria sem hesitação, apesar de ridicularizada e contestada pelo marido, pela família e pelos pais. Era um desacreditado programa de formação: foi chamado de "loucura" e caracterizado, com risos descontrolados, como um programa de "psicologia translúcida". O pai iria deserdá-la por causa disso; o marido ficaria ressentido. Sua mãe sem dúvida a criticaria, sentindo pena do seu pobre marido por ter de suportar tudo isso, e seus filhos seriam encorajados a ver o que ela fazia sob uma óptica negativa.

O que acompanha os momentos de verdade nos dá um sentido interior de certeza e de clareza. Numa tal experiência, sabemos que temos importância e que há sentido e propósito na vida. É uma epifania, um ponto alto de coerência. Embora seja muitas vezes subjetiva e momentaneamente maravilhoso, seguir a bênção (para usar a frase bem conhecida do mitólogo Joseph Campbell), que é outra maneira de descrever o que acontece, também exige o sacrifício da vida agora ultrapassada, costumando vir com o sacrifício, o sofrimento, para os outros e para a própria pessoa, a depender da resistência à mudança do preço a ser pago por ela. É preciso coragem para estabelecer um curso de ação, sabendo que é profundamente certo segui-lo, mas desconhecendo qual vai ser o custo pessoal e para os outros.

Momentos de verdade que modificam o mundo ocorrem em pessoas que, ao expressar sua verdade pessoal, dão voz a uma ideia cujo tempo chegou e, ao fazê-lo, parecem encontrar a fonte de sentimentos coletivos que já não podem ser contidos nem negados outra vez.

O momento de verdade que deu início ao movimento dos direitos civis dos anos 1960 aconteceu num ônibus segregado em Montgomery, Alabama, quando Rosa Parks, uma cansada negra de meia-idade, entrou no veículo depois de um longo dia de trabalho como doméstica e sentou-se na parte da frente por não haver lugares vazios no fundo. Ela não se limitou a sentar num lugar proibido aos negros; também se recusou a sair dali quando intimada pela autoridade, sendo por isso detida. Seguiram-se manifestações em que cada participante teve de se decidir e correr o risco de defender a igualdade racial e o fim da opressão. Foi um momento fundamental em que a crença e a ação tinham de caminhar juntas ou não mais fazê-lo. O "não" de Rosa Parks revelou ser um decisivo ato de desobediência civil, uma ação particular que teve consequências públicas porque atingiu algum poço profundo de justiça e de coragem das outras pessoas, incluindo Martin Luther King Jr., que era ministro de uma importante igreja negra de Montgomery. Sua liderança, sua visão e sua eloquência foram essenciais para o sucesso do movimento; elas o levariam ao seu assassinato e ao seu lugar na história.

A Reforma Protestante, que teve consequências históricas ainda maiores, começou com um momento de verdade de Martinho Lutero. Ele era um monge agostiniano que queria ficar na Igreja, seu lar espiritual. Ele não queria ser herege, mas não podia negar a verdade do que a Igreja fazia, não tendo mais condições de calar. Quando pregou o documento que falava desses abusos na porta da igreja de Wittenburg, ele provocou sua excomunhão, que poderia ter previsto, e a Reforma, que dificilmente poderia ter antecipado. Suas palavras – "Aqui me mantenho; não posso fazer outra coisa" – ecoam nas ações praticadas por todas as pessoas impelidas a agir com integridade uma vez que a verdade é aceita.

ATOS DE VERDADE

Refletindo sobre os exemplos históricos e mitológicos, bem como de pessoas comuns, fico impressionada com os momentos em que uma pessoa se declara, diz ou faz alguma coisa que desencadeia algo, sem saber o que vai acontecer em seguida e com frequência temendo o pior. Não se trata de um ato de cujo resultado tenhamos certeza; sequer sabemos se tudo vai dar certo ou mesmo se o sacrifício exigido vai fazer alguma diferença. Contudo, não responder com base na profundidade dos sentimentos que temos acerca da correção desse ato seria negar aquilo que somos no nível da alma.

A incerteza está presente no final de *O Crepúsculo dos Deuses*: Brunnhilde age com base na verdade que percebe ao contemplar o corpo de Siegfried. Ela se imola na pira, e não sabemos se um dia a cortina vai ser erguida para mostrar uma Brunnhilde ressuscitada ou transformada, ou uma nova era.

Uma metáfora comum compara as nossas ações em momentos cruciais com "lançar-se no vazio". O comportamento autêntico tem início com atos de verdade; ele pode nos levar metaforicamente ao vazio, ao fogo ou à cruz, e, por um período posterior a ele, não sabemos qual vai ser o desfecho.

A decisão de Brunnhilde de mergulhar no fogo me fez lembrar Jesus no Jardim de Getsêmani aceitando o fato de ir para a cruz. Mais tarde, sua exclamação na cruz – "Meu Deus, meu Deus, por que me abandonaste?" – afirma que, uma vez que o seu curso era irrevogável, ele se sentiu abandonado ao sofrimento, sendo esse o momento em que surgem as dúvidas e as apreensões. Quando decidimos fazer o que é verdadeiro, ou falar a respeito, nossos esforços podem ser recebidos com hostilidade, difamação e palavras ou ações destinadas a nos humilhar; podemos nos sentir crucificados e abandonados pelos outros, e até pela certeza que nos levou até ali. Depois de nos declararmos, não podemos retomar o nosso papel ou a posição anterior; não temos condições de voltar a ser o que éramos. Em algumas situações, uma vez que tomamos a posição que temos, estamos mortos para os outros.

Deborah Wright, ministra presbiteriana, me impressionou com um sermão sobre o sábado de aleluia, um dia e um conceito sobre os quais eu nunca refletira antes. Na sexta-feira, ocorre a crucificação. No sábado, não sabemos se haverá uma ressurreição. Assim é a vida. Quando nos declaramos, saímos do nosso mundo conhecido e entramos no vazio, no fogo ou na cruz. Provocamos uma ruptura irrevogável com o passado e mergulhamos num período de incerteza que equivale ao sábado depois da crucificação. Quando seguimos a reação inicial de encerrar um casamento ou uma carreira, de fazer uma grande mudança de prioridades, de seguir uma nova orientação religiosa ou sexual, de denunciar publicamente a corrupção ou de revelar abusos ocorridos numa família ou organização, de modo geral nos encontramos numa fase de "sábado". Nossa vida e a nossa antiga identidade morreram, e vamos, por algum tempo, para o mundo inferior ou subterrâneo, sem saber se será um túmulo ou um ventre, o enterro de todas as promessas ou o começo de uma nova vida; sem saber se isso será o fim de nós ou se o domingo virá e, com ele, a ressurreição e a transformação.

Li certa vez um ensaio de Sonia Johnson sobre um sonho, o que me deixou uma duradoura impressão, porque ele era uma vívida e eloquente afirmação sobre a opção, sobre o compromisso com a ação, sobre os riscos e sobre a incerteza quanto ao resultado. Reproduzo-o de memória.

A sonhadora está presa na extremidade do telhado de um prédio alto; de repente, vê uma corda balançando na sua direção. Ela sabe que pode ficar onde está ou pegar a corda. Decide pegar a corda e oscila, num amplo arco, afastando-se do prédio. Quando a corda alcança o fim do arco, ela vê outra vindo na sua direção e percebe que deve largar a primeira e pegar a segunda, o que faz. Mais uma vez, ela vai até o ponto em que a segunda corda pode levá-la, devendo então deixá-la outra vez para pegar a terceira. Assim acaba o sonho.

Nesse sonho, a sonhadora inicia uma jornada perigosa ao deixar uma estrutura estável em que se sente aprisionada, e toma uma decisão que a lança no vazio. Cada corda só a leva até um certo ponto. Virá outra corda a tempo? Será ela capaz de abandonar novamente aquilo que tem para seguir em frente? Será que, um dia, ela vai conseguir um destino seguro e significativo?

O sonho pode estar refletindo o que ela já faz e é, dizendo-lhe que as "cordas" continuarão a vir, ou pode estar demonstrando como será a vida se ela der o passo inicial e pegar a primeira corda. Aquilo que o edifício e as cordas representam, a sonhadora terá de mergulhar em si mesma para saber ou intuir a partir de sua própria vida.

Esse é um sonho que pode ser contado por muitos homens e mulheres de meia-idade que atingem um ponto no qual se sentem presos a papéis ou relacionamentos sem sentido; eles ocupam posições que lhes dão *status*, renda e poder – que é o que se esperava que eles aspirassem a conseguir, tendo-o alcançado, embora sem a presença do coração. Ter feito isso com a vida equivale a mergulhar no ciclo pessoal do *Anel*, a tornar a vida uma extensão de uma busca de poder ou de posição, incluindo a condição de esposa ou de marido, algo que, em algum nível fundamental, não constituiu uma escolha sua. No ponto de sua vida em que descobrem isso, surge uma "corda" na forma da oportunidade de fazer algo de que possam gostar ou estar com alguém com quem seja possível manter um relacionamento íntimo e profundamente pessoal. O que se faz num momento desses diante de todas as incertezas inerentes a essas situações?

Os momentos de verdade podem ser irresistíveis quando a certeza interior e as circunstâncias convergem, quando aquilo que se tem de fazer se torna claro e encontramos a coragem ou o ultraje que permitem dar esse passo significativo. Até acontecer algo que constitua a "gota d'água", a verdade da situação é evitada, minimizada, negada, racionalizada, mantendo-se a situação vigente. A dor emocional que nos fortaleceria com frequência não irrompe na consciência, por estar enterrada sob alguma coisa: vícios ou apegos a atividades, depressão, ansiedades penetrantes indefinidas ou erroneamente definidas, dor crônica ou quadros doentios crônicos. Quando as pessoas chegam aos consultórios psicoterapêuticos ou médicos ou a um programa em doze passos, em geral uma defesa contra a admissão de verdades dolorosas fugiu ao controle. A linguagem comum descreve isso como resultado do fato de se ter "engolido" os sentimentos apenas para vê-los ressurgir disfarçados de sintoma psicológico ou físico.

Aprendemos a "engolir" nossos sentimentos porque eles são mal recebidos. Na infância, se nos fizerem sentir vergonha quando expressamos os nossos sentimentos ou se eles levam pessoas de quem dependemos a se afastar de nós ou a nos punir, passamos a fazer isso. No mínimo, se ninguém tem interesse no que sentimos, podemos nunca ter aprendido a discriminar, nomear e expressar os nossos sentimentos. Assim, permanecemos emocionalmente atrasados, "sentindo-nos analfabetos" incapazes de ler os estados emocionais próprios ou dos outros. Na pior das hipóteses, quando terríveis explosões de raiva ou abusos verbais, físicos ou sexuais atingem as crianças, vindos de pais ou responsáveis de quem dependem para sobreviver, elas enterram não só os sentimentos, mas com frequência as lembranças – por meio da amnésia seletiva, da dissociação e até das múltiplas personalidades.

SANTUÁRIO: O ENCONTRO DE UM LUGAR EM QUE A VERDADE PODE SER DITA

Sempre que o poder (em vez do amor ou da justiça) é o princípio dominante de qualquer relacionamento, família, organização ou país, não é seguro ter sentimentos e falar a verdade.

Somente quando se chega a um santuário, sentindo gradualmente o que significa a liberdade, a verdade pode surgir. O grau de opressão ou de punição vai de relativamente benigno ao regime do terror, mas a psicologia da situação é a mesma; dela resulta uma mentalidade de estado policial em que há o entorpecimento e a negação dos sentimentos, a repressão da lembrança de eventos dolorosos e a perda da espontaneidade, atitudes que levam à depressão e a comportamentos obsessivos ou viciosos.

A criança que vive numa família desajustada interioriza as regras da mesma maneira como o fazem os cidadãos de um Estado policial. Por meio do controle, a supressão do sentimento e a inibição do comportamento passam a vir, depois de algum tempo, de dentro da pessoa; nessas circunstâncias, é mais seguro não saber o que se sente de fato com relação aos que estão no poder, sejam pais ou autoridades, para não revelá-lo inadvertidamente e ser punido. O que se sente acerca de qualquer coisa, quando se é controlado por alguém no poder que precisa ver feita a sua vontade, é irrelevante ou sujeito a punição.

Em termos ideais, um lugar psicologicamente seguro é dentro de um relacionamento ou de relacionamentos em que se possa estar em contato com os próprios pensamentos, sentimentos e sensações sem estar sujeito a castigos, a julgamentos ou ao abandono por tê-los. Este é um lugar em que se pode confiar que não se vai ser enganado ou explorado, um espaço em que o outro não se sente superior às suas custas, não trai a sua confiança nem invade a sua privacidade. Tudo o que representa tirar proveito da vulnerabilidade de alguém constitui uma exploração. O santuário é dotado de uma dimensão espiritual que se manifesta quando as pessoas nele envolvidas sentem ou sabem que há algo de sagrado em cada uma delas e têm consciência de que há um elemento espiritual de aceitação da alma presente no relacionamento. Creio que é importante saber o que constitui um relacionamento contido num santuário, bem como que, uma vez estabelecida a verdade, podemos nos sair bem, por vezes muito bem, em situações imperfeitas, mas suficientemente boas.

SENTIMENTOS ENTORPECIDOS

Quando há segurança e outra pessoa ou pessoas que se importam com o que aconteceu conosco no passado e com o que sentimos agora, os sentimentos reprimidos podem vir à superfície e eventos traumáticos podem ser lembrados. Mesmo assim, isso não é fácil. Muitas pessoas vindas de famílias gravemente desajustadas não conseguem se lembrar dos eventos e sequer sabem que não o conseguem até que alguém pergunte ou outras pessoas deem informações espontaneamente e, de repente, venha a percepção disso: "Não consigo me lembrar de nada que aconteceu antes dos 6, 9 ou ... anos", por exemplo. Ou: "Não me lembro de nada da quinta série ... ou da sétima". Ou ainda: "Não consigo me lembrar como era a vida em...".

Às vezes, uma situação semelhante traz de volta a lembrança reprimida. Uma situação abusiva na idade adulta, tal como um assalto ou um estupro, desencadeia pesadelos e lembranças que remontam a eventos da infância. É comum uma mulher que tenha relações sexuais por obrigação ou contra a vontade, como

Sieglinde tinha com Hunding, fazê-lo "entorpecendo-se" e submetendo-se, mantendo fora da consciência tanto os sentimentos presentes como os abusos passados. Então, quando se enamora e encontra paixão e ternura num abraço sexual, ela – tal como Sieglinde – pode descobrir que esse despertar sexual traz consigo lembranças e, com elas, sonhos ruins, tormentos e conflitos relativos à sua sexualidade.

Outras vezes, eventos traumáticos podem se recordados da mesma maneira como os fatos são retidos, mas sem emoção: "Minha mãe bebia demais. Ela levava homens para casa, às vezes mais de um, e eu os ouvia praticando sexo e a via prostrada na cama, despida, pela manhã". Ou: "Meu pai costumava bater na minha mãe e no meu irmão". Do mesmo modo, são descritos como normais eventos que não o são, mais uma vez aparentemente sem sentimentos: "Meu pai costumava examinar minha vagina quando eu voltava de um encontro"; "Minha mãe e eu dormíamos na mesma cama até o colegial".

Siegfried foi criado pelo anão Mime, que lhe ocultava coisas e o odiava, pretendendo usá-lo para conseguir o anel do poder. Ele se tornou um homem sem sentimentos. O amor também estava ausente da infância de Hagen; seu único propósito, visando o qual Alberich comprara uma mulher para concebê-lo, era ajudar seu pai a se apossar do anel. Para poder fazer isso, Hagen foi treinado para odiar. Tanto Siegfried como Hagen podiam pensar, planejar e lembrar-se de eventos como fatos, mas não sentiam. Esse é o destino de crianças usadas e abusadas por pais ou responsáveis narcisistas, crescendo sem se dar conta dos seus próprios sentimentos. Elas aprendem a se dissociar dos sentimentos para evitar o sofrimento e desdenham os fracos, além de não ter simpatia nem empatia. Elas se comprazem em exercer poder sobre os outros. Quando são soldados que se mostram guerreiros destemidos na batalha, são consideradas heróis; quando cometem crimes, são classificadas como psicopatas; quando governam países de forma tirânica, são chamadas de ditadores. Elas fazem o que fazem sem remorso. Habitualmente, a falta de sentimentos e a capacidade de infligir dor aos outros refletem a brutalidade vigente na família desajustada na qual cresceram.

As famílias desajustadas comuns são as que reprimem os sentimentos ou as que têm um dos pais alcoólatra. Nessas famílias, a capacidade de saber e de exprimir o que se sente é desencorajada. Isso explica reações insensíveis a eventos que normalmente evocariam sentimentos. Por trás das explicações, das análises psicológicas e de brilhantes perspectivas filosóficas, descobrimos a verdade que é evitada: "Não sinto nada".

Causa-me forte impressão o fato de tanta gente não saber como se sente durante a maior parte do tempo. Isso se aplica em especial aos homens, mas atinge um número cada vez maior de mulheres. Contudo, na maioria das vezes, as mulheres ainda dão atenção ao que o outro pode estar sentindo. Em qualquer situação em que alguém tem poder sobre nós, a adaptação, a sobrevivência ou o sucesso têm como base atender às expectativas desse alguém, evitar contrariá-lo, fazer tudo o que for preciso para conseguir ou manter suas "boas graças". Desse modo, mulheres que ocupam posições de dependência na sociedade, bem como homens que estão em posições inferiores por causa da classe social ou da cor da pele, dão atenção aos humores e ao caráter dos que estão no poder, podendo ter necessidade de agir com deferência e suprimir qualquer coisa que possa parecer provocativa.

Agir com deferência, o que significa suprimir nossos sentimentos e pensamentos, é algo que todos fazemos na presença de um poder que possa ser usado contra nós. Por exemplo, quando a luz faiscante de uma viatura nos faz sinais para parar no acostamento, muitos de nós sentem um afluxo de adrenalina típico de uma reação corporal do tipo "fuja ou lute". Não apenas suprimimos o impulso de fugir de medo ou de exprimir raiva, como costumamos agir com deferência. Trata-se de uma reação de alarme seguida de comportamento adaptativo. Ela tem o mesmo efeito da voz elevada, embriagada ou irritada de alguém que possa nos ferir ou envergonhar. Temermos as consequências de não fazer o que se espera e aprendemos a nos adaptar a isso, em vez de agir a partir daquilo que sentimos genuinamente. Essa é a base do comportamento codependente.

O ANEL DO PODER: O CICLO RETORNA AO PONTO DE PARTIDA

Em *O Anel dos Nibelungos*, o poder sobre os outros é a busca obsessiva que afeta três gerações da família de Wotan, causando dor e sofrimento a todos. Criado por Alberich, que o forja ao renunciar ao amor, o anel torna-se um anel da vingança, com o qual o anão vai se desforrar da humilhação e da rejeição que sofreu. Assim que passa a existir, o anel deixa Wotan obcecado, não somente porque ele o quer, mas também porque, se não o tiver, outra pessoa poderá obtê-lo e ter poder sobre ele.

O poder sobre os outros serve psicologicamente como meio de obtenção de um sentido de segurança advindo do fato de se ter mais poder do que os outros (o que nunca funciona de fato, como o atesta o ditado "Dorme inquieta a cabeça que usa a coroa"). Em termos psicológicos, o poder sobre os outros também é procurado para que a pessoa se sinta superior, uma meta que compensa sentimentos reprimidos de inferioridade (que, não obstante, permanecem, por mais alto que a pessoa suba e por maior que seja o sucesso obtido, sendo responsáveis por enormes sentimentos de ser "um impostor", sentimentos que atingem pessoas determinadas que conseguem posições elevadas). O exercício do poder também serve para afastar as sensações de pequenez, de insignificância ou de fraqueza, sendo a causa do comportamento sádico de inferiorização dos outros manifesto por pessoas poderosas.

A criança é o pai do homem da pior maneira quando o assunto é o poder; o homem que ela se torna vem a ser um tirano, desforrando-se do que sofreu. Em sua busca do poder, ele usa seus filhos, transformando-os, se puder, em extensões da sua necessidade de conquistar poder, prestígio e posição no mundo. Os filhos, por sua vez, não sendo amados por ele, esforçam-se para agradá-lo, na esperança de que ele venha a amá-los, ou tentam ser como ele para não serem tão insignificantes quanto ele os faz se sentirem. Crianças adultas vindas de famílias deficientes governadas por Alberiches contemporâneos podem assemelhar-se a Hagen, um homem que não se envolve, que busca o poder e é raivoso, – ou aos meio-irmãos dele, Gunther e Gutrune, cujas realizações adultas encobrem crianças interiores infelizes, não amadas, assustadas e iradas, pessoas cuja escolha de cônjuges e disposição para manipulá-los no âmbito de casamento sem amor criam a próxima geração de famílias deficientes. Quando o poder, em vez do amor, dirige as famílias, o ciclo do *Anel* permanece por gerações.

Na ausência do amor, à medida que cada geração regida pelo poder cresce, a insegurança da infância retorna com a dependência que a idade e as doenças trazem. Às vezes, o abuso da criança gera o abuso do velho, um terrível ciclo do *Anel* em que o abuso atinge a geração que o iniciou, na medida em que a criança maltratada se torna o adulto que maltrata o genitor idoso que o maltratou. Para romper esse ou qualquer ciclo de abusos, a compaixão deve entrar em cena e, com ela, o reconhecimento do sofrimento suportado por todas as pessoas envolvidas.

COMPAIXÃO PELA CRIANÇA ABANDONADA

Uma criança que não recebe cuidados nem tem ninguém que se importe com ela é uma criança abandonada. Todos os adultos de *O Anel dos Nibelungos* cuja infância conhecemos foram crianças emocionalmente abandonadas.

Wotan, o pai de Siegmund; Mime, o responsável por Siegfried; e Alberich, o pai de Hagen, viram os filhos como meios de aquisição do anel do poder, não considerando quaisquer sofrimentos que eles pudessem ter em consequência disso. Pais ambiciosos e narcisistas têm filhos para fazer avançar suas próprias ambições, aprimorar sua imagem, fazer a sua vontade ou transmitir o nome da família. Os filhos são abandonados emocionalmente quando não são amados por si mesmos, quando suas necessidades não são levadas em conta e quando não se dá importância aos seus sentimentos. Crianças adultas também podem ser abandonadas, como ocorreu com Brunnhilde ao contrariar Wotan, ficando chocada ao ver que um pai que ela considerava amoroso planejava puni-la deixando-a inconsciente numa rocha para ser propriedade do primeiro homem que aparecesse.

Crianças maltratadas pensam que são más. Trabalhando com adultos que sofreram abusos na infância, vejo repetidas vezes que deve haver um sentido inato de justiça dentro de nós. Essas pessoas costumam supor que devem merecer o castigo, quer por terem feito alguma coisa ruim ou por serem ruins. Quando são humilhadas e consideradas sujas, estúpidas ou indecentes, as crianças costumam concluir que isso deve ser verdade e assumem a culpa. Elas poupam os pais irresponsáveis e adotam com relação a si mesmas a atitude dos adultos que as maltrataram. Assim, sofrem um duplo abuso: o de serem alvo de maus-tratos e o de suporem que os mereceram.

Uma criança assim permanece sendo uma figura interior triste, maltratada e abandonada que se torna fonte da pouca autoestima e da depressão do adulto, que sente que há "algo de sórdido em mim" ou se considera "uma pessoa terrível". Quando são revelados abusos físicos, emocionais, verbais ou sexuais, ouço histórias de cortar o coração. Mesmo assim, o adulto que me conta o que lhe aconteceu no passado de início não tem compaixão da criança que foi nem fica ultrajado com o genitor ou responsável que fez o que fez. Sentimentos de compaixão pela criança maltratada que um dia foi surgem lentamente e, mesmo assim, só depois que alguém consegue expressá-los. Enquanto não puder sentir compaixão por si mesmo, ele não consegue ter raiva do que lhe aconteceu. Sentimentos entorpecidos e lembranças esquecidas são comuns em pessoas que sofreram abusos ou negligência na infância, pessoas que muitas vezes maltratam ou negligenciam seus próprios filhos de maneira semelhante. Elas também podem tornar-se codependentes, defendendo e racionalizando o comportamento de quem as maltrata, tal como faziam com os pais. No fundo, a deferência diante do poder é uma dinâmica adquirida que passa de geração em geração.

Crianças emocionalmente abandonadas tornam-se adultos infelizes que evitam sentimentos de vazio, de abandono, de tristeza, de raiva, de impotência, de vergonha e de outras sensações desagradáveis bebendo, fumando, comendo, assistindo à televisão e exibindo toda espécie de comportamento compulsivo. Os vícios, a codependência e a depressão nos impedem de sentir nossas emoções e de perceber nossas sensações viscerais, capazes de nos mostrar a verdade da nossa situação.

LIVRES DO CICLO DO *ANEL*

Somente quando podemos sentir nossos sentimentos e identificar as razões por que os sentimos somos capazes de saber o que dá sentido à nossa vida e que tipo de trabalho ou de relacionamento nos é mais caro pessoalmente. É necessário nos tornarmos conscientes dos nossos sentimentos antes de podermos fazer opções autênticas baseadas no amor a lugares, ao trabalho e a pessoas, ou ter a espontaneidade e a alegria como parte da nossa vida. Para saber o que sentimos, pessoas significativas tiveram de se preocupar conosco e dar importância aos nossos sentimentos. Deve ter sido ou deve ter-se tornado seguro falar a verdade e agir de acordo com o nosso conhecimento. Uma vez que possamos agir com base no que é verdadeiro para nós, nossas opções moldam a nossa vida, que se torna expressão daquilo que importa genuinamente para nós (desde que, é verdade, tenhamos a liberdade de escolha e oportunidades entre as quais escolher). Só então nos libertamos do anel do poder.

Capítulo 6

Além do Valhalla: Um Mundo Pós-Patriarcal?

Quando as cortinas descem no ciclo do *Anel*, no final de *O Crepúsculo dos Deuses*, o Valhalla, o castelo fortificado de Wotan, acaba de ser dominado pelas chamas. No seu vasto interior, com ramos do Freixo do Mundo encostados nas paredes como madeira para queimar, Wotan espera o fim, sentado entre heróis que tombaram nos campos de batalha, entre valquírias e divindades. Quando as chamas da pira de Brunnhilde e Seigfried alcançam o Valhalla e incendeiam tudo, o céu é iluminado como se por um dramático e ígneo pôr do sol, anunciando o fim da supremacia em decadência de Wotan. Como uma cortina, a noite cai sobre as cinzas aquecidas do Valhalla e sobre a passagem de uma era de patriarcado obcecada pelo anel do poder. Enquanto o castelo arde, o anel dos nibelungos é retomado pelas Donzelas do Reno, como era a intenção de Brunnhilde, e devolvido às profundezas do rio. O cobiçado anel, com o qual se podia dominar o mundo, não estará mais no mundo, e uma nova era poderá começar. O dia vai nascer, e ficamos a imaginar: nascerá sobre o quê?

Um mundo pós-patriarcal seria, de fato, uma nova era. Especulo sobre a possibilidade de estarmos num período histórico correspondente a um crepúsculo do patriarcado e a um momento arquetípico de transição radical. Há indícios dessa possibilidade. Diante das armas nucleares, não é possível separar o poder de reger o mundo do poder de destruir o planeta. Se tomássemos uma real consciência disso, e se a necessidade de união, em vez da de dominação, se tornasse uma nova prioridade – em todos os níveis, envolvendo todos os relacionamentos e instituições –, chegaríamos ao fim do patriarcado.

Percebe-se nos sistemas políticos do mundo inteiro um crescente desrespeito pela autoridade dos velhos, e que os regimes por eles dirigidos estão caindo. Em termos psicológicos, o arquétipo do pai autoritário distante, orientado para o poder, vem perdendo energia psíquica. Está surgindo uma nova consciência planetária com fortes preocupações ecológicas. O feminismo nos tornou conscientes do patriarcado e dos seus efeitos repressivos e negativos sobre as mulheres. Com sua orientação para o poder e sua ênfase no domínio e na hierarquia, o patriarcado é visto cada vez mais como algo destrutivo tanto para os homens como para o planeta.

TEMPO DE TRANSIÇÃO

Em toda parte, há na psique uma antecipação da mudança. Estamos prestes a entrar num novo milênio; os anos 2000 e 2001[*]

---

[*] Texto sem alteração conforme o original de 1992.

se aproximam. Há no inconsciente coletivo uma espécie de caixa de ressonância dessa importante data simbólica. Tal como a véspera do Ano-Novo, de um aniversário importante ou de uma celebração especial, existem datas significativas para a nossa psique, dotadas por isso de uma influência e de um poder capazes de nos afetar. Os psiquiatras costumam inquirir sobre "reações a datas relevantes", por exemplo, e as respostas com frequência dão sentido às características de um estado de espírito ou ato de outra maneira inexplicáveis. Psicologicamente, quando antecipamos a possibilidade de uma nova era ou de um novo começo, também nos abrimos à mudança, e essa mesma antecipação contribui para tornar provável a mudança.

Além disso nos encontramos em meio a um período de transição ou cúspide entre duas eras astrológicas: uma era de Peixes de 2 mil anos está passando, e caminhamos para a era de Aquário, ao mesmo tempo que nos dirigimos para um novo milênio. A era de Peixes corresponde à era cristã patriarcal. O símbolo do peixe foi usado pelos primeiros cristãos para se identificarem, entre si, porque *Ichthys*, palavra grega para peixe, era um acrônimo de "Jesus Cristo, Filho de Deus Salvador", palavras que foram zombeteiramente inscritas na cruz em que ele foi morto.* Constitui uma manifestação sincronística o fato de a era de Peixes vir a ser definida por esse evento, de que o peixe se tornou o símbolo.

Este é também um importante período de transição na mitologia hindu, que tem ciclos de 5 mil anos. Cada ciclo começa

---

* Engano da autora. A inscrição da cruz dizia: "Jesus Nazareno, Rei dos Judeus".

com uma idade do ouro, que mais tarde vai se deteriorando, cedendo lutar às idades da prata, do cobre e do ferro. Segundo essa tradição, encontramo-nos no período mais baixo e mais decaído, a idade do ferro, e teremos de passar por um momento de destruição ou desconstrução antes de uma nova idade do ouro poder se iniciar.

Tomei conhecimento desse conceito hindu na Índia, com as Brahma Kumaris Sisters, que seguem uma tradição da Raja Yoga. Acreditando que estamos, de fato, no fim da idade do ferro, mas que as pessoas podem afetar a qualidade da passagem que virá inevitavelmente, essas Irmãs trabalham com as Nações Unidas e por todo o mundo, ao meu ver, em prol das bases espirituais da paz. Num dos seus programas, as pessoas dedicaram milhões de minutos de meditação à paz planetária; em outro, crianças e adultos se reuniram em pequenos grupos no mundo inteiro para compartilhar suas esperanças e conceber formas de tornar este mundo melhor mediante esforços cooperativos. Se o mundo manifesto da ação visível vem do mundo invisível do pensamento, da intenção e da visão (em termos psicológicos, do inconsciente coletivo, campo mórfico ou consciência coletiva da humanidade), esses esforços haverão de combater a difusão do medo e a necessidade de poder por ele criada.

O ARQUÉTIPO DO PAI AUTORITÁRIO

Na cultura, bem como na psique, um arquétipo pode vir a dominar uma época mais ou menos da mesma maneira como pode subjugar uma personalidade ou assumir o controle dela. É o que tem ocorrido com o arquétipo do pai autoritário nos patriarcados. O pai autoritário é institucionalizado como ocupante do topo de toda hierarquia; designado por muitos nomes, entre eles rei, papa, general, presidente do conselho, presidente e pai, suas qualidades são modeladas de acordo com as do Deus Pai dessa cultura particular.

Quando ocupa uma posição definida por esse arquétipo, o homem pode identificar-se com ele, agindo, pensando, falando e se comportando como se fosse o próprio arquétipo. O poder sobre os outros modifica as pessoas. Nada tem de incomum o fato de alguns homens mudarem drasticamente de personalidade: quando estão numa posição inferior, podem ser subservientes, e até bajuladores, diante de um superior; quando têm o poder, podem ser ditatoriais, impacientes e imperiosos diante dos que estão sujeitos a eles. Podem tornar-se tiranetes, não abrandados pelas qualidades humanas do bom humor, da perspectiva e da individualidade.

Um homem identificado com o arquétipo do pai autoritário pode ser um ditador temido e odiado, ou um pai amado e respeitado. Em ambos os casos, supõe que a autoridade sobre os outros no lar ou em sua esfera de influência, bem como a última palavra, lhe pertencem. Esse arquétipo, colorido pela experiência com o próprio pai ou com figuras de pai, está presente em todos. Embora os homens com poder sobre os outros possam personificá-lo, ele também está vivo em muitas pessoas como uma voz interior de autoridade que nos faz sentir pequenos e insignificantes. Trata-se do crítico interior que só vê falhas, cuja consideração do nosso trabalho como algo que "não é bom o bastante" e cuja afirmação inibitória "quem você pensa que é?" nos afastam das nossas aspirações.

Esse arquétipo produz um enrijecimento da criatividade, da expressão de sentimentos, da jocosidade, da paixão e da espontaneidade de todos quantos estejam sob a sua influência. Isso ocorre porque é preciso desistir do controle para estar aberto a essas experiências – e estar no controle é essencial para esse arquétipo, o mais influente nas culturas patriarcais. Ele dá ao pai autoridade sobre os membros da família, tendo um efeito inibidor na psique das pessoas. Ele assim permanecerá até que qualidades igualitárias, como a verdade e a liberdade, ou a compaixão e a sabedoria, se tornem mais importantes do que o poder. Enquanto existir o patriarcado, quem é mais poderoso terá a última palavra. Em consequência, o arquétipo do pai autoritário terá proeminência, e o poder sobre os outros será uma obsessão.

A gradual perda do domínio desse arquétipo é narrada em *O Anel dos Nibelungos* por meio das mudanças que testemunhamos em Wotan. Em *O Ouro do Reno* e *A Valquíria*, Wotan é a figura do pai autoritário, narcisista e autocentrado. Ele oferece Freya aos gigantes em troca da construção do Valhalla, faz desabar sua fúria sobre Brunnhilde por causa da desobediência desta e abandona seus filhos Walsung. Ele é o exemplo do homem que começa a ser possuído pelo arquétipo, homem cuja busca do anel do poder provoca sofrimento em si e nos outros, e cujas ambições são frustradas por limitações ao seu poder. Em *Siegfried*, Wotan mudou. Tem uma aparência mais humilde, está à procura da sabedoria, responde a perguntas e está em conflito, entre desistir do poder que tem e transferi-lo.

Wotan é como muitos homens de hoje, obsedados pela aquisição do poder e de bens, que sacrificam relacionamentos para fazê-lo, terminando por descobrir, na meia-idade ou perto do fim da vida, que seu poder está desaparecendo e que o que lhes resta não tem sentido. Wotan pôde perceber isso mas não conseguiu mudar. Assim, em *O Crepúsculo dos Deuses*, Wotan espera o fim no Valhalla – como fazem os homens que permanecem identificados com o arquétipo do pai autoritário – deprimido, distante e cercado por aquilo que adquiriu.

O deus torna-se o Andarilho quando sua busca de poder o leva a ter a experiência das suas limitações e traz sofrimento. Com esse disfarce, ele já não se identifica por inteiro com o arquétipo. Como o próprio nome Andarilho implica, ele está num período de busca, sem um caminho, direção ou destino definidos. Trata-se da época de questionamento e de busca da alma que acomete as pessoas na meia-idade, sendo um momento em que a mudança pode acontecer. Nos homens, é uma época de transição em que eles podem desistir da busca do poder se derem ouvidos à sua Anima ou feminino interior.

Assim, o deus convoca Erda, a sabedoria feminina, pedindo-lhe que desperte e vá até ele, o que ela faz. Contudo, como ele a subjugou antes, a clareza de Erda já não está disponível. Seus pensamentos estão "ofuscados pelas proezas dos homens"; sua sabedoria "sentiu a força de um conquistador". Ela lhe diz que sua valente e sábia filha, Brunnhilde, pode dar as respostas que ele procura – e nós sabemos que isso não vai ser possível, pois Wotan baniu Brunnhilde, símbolo do aspecto feminino compassivo de Wotan – em termos junguianos, sua Anima –, que preferiria o amor ao poder, está adormecida – inconsciente, não disponível, reprimida. Psicologicamente, podemos dizer que Wotan não consegue mudar porque se separou da sua Anima. Na psique de homens concretos, contudo, o período de adoção do papel de Andarilho pode provocar uma enorme mudança. A aquisição de poder tende a tornar-se secundária diante dos relacionamentos caso esses homens ouçam sua Anima e valorizem a sabedoria feminina. Os relacionamentos tornam-se mais importantes. Os casamentos com frequência passam por um período de crise, cujo desfecho pode ser um maior aprofundamento da relação ou o divórcio. Manter as aparências já não basta; as famílias e as amizades assumem um novo valor. Esse é um período descrito pelo psicólogo Erik Erikson, que nos faz perceber os desafios psicológicos de cada fase da vida, momentos em que são geradas novas coisas ou em que se instala a estagnação. Os homens podem começar uma segunda família e, dessa vez, dedicar algum tempo ao papel de pai, podendo também se tornar mentores de pessoas mais jovens. É um momento em que a intimidade emocional se torna possível, desde que homens antes autoritários se disponham a ser vulneráveis. Em consequência disso, o amor tende a assumir uma importância maior que o poder.

Naturalmente, o poder também pode se reafirmar na psique de um homem ameaçado pelo surgimento de sentimentos que os reprima, como se verifica no caso de homens autoritários dirigentes de governos patriarcais que reagem à livre expressão de sentimentos dos seus cidadãos. Diante da ameaça de perda da autoridade pelo potencial da mudança, eles se tornam violentos. Isso aconteceu na Praça Tiananmen, na China, atingindo estudantes cujo símbolo era a Deusa da Liberdade.

ENANTIODROMIA OU EVOLUÇÃO?
A IRRUPÇÃO DO FEMININO REPRIMIDO

Há constantes referências ao conceito de "Enantiodromia" nos escritos de Jung. Ele se refere à reviravolta que acontece na psique quando aquilo que estivera subjugado assume de repente proeminência, como pode acontecer na queda de braço. Manter o braço firme requer músculos e esforço; do mesmo modo, conter a verdade ou suprimir uma ideia, um instinto ou um arquétipo exige energia psíquica. Há vários milhares de anos, desde que as tribos guerreiras indo-europeias que cultuavam deuses-céu sobrepujaram os povos pacíficos que cultuavam deusas na velha Europa, o patriarcado ocidental tem mantido ativamente os valores e a autoridade femininos, as deusas e as mulheres "no seu lugar", o que significa que tudo o que é considerado feminino tem sido dominado, denegrido, negado e subjugado de maneira ativa.

Na psique, uma enantiodromia supera uma atitude psicológica unilateral. De acordo com Jung, trata-se de uma expressão da tendência para a totalidade, manifesta quando o que tem sido negado abre caminho na direção da consciência. Quando chega lá, esse conteúdo tanto pode ser integrado à personalidade, que fica mais ampla por causa disso, como provocar uma reviravolta, levando para o fundo o que estava no topo.

Chegou ao nosso conhecimento, por meio dos escritos de Marija Gimbutas, Merlin Stone, Riane Eisler e de outras pessoas, a existência de uma época pré-patriarcal em que povos pacíficos e adoradores de deusas habitavam a velha Europa. Embora essa informação só tenha sido divulgada entre a metade e o final do século XX, a mitologia já lembrava essas épocas. Escritores e artistas já tinham recorrido a essas imagens e temas, que são conteúdos do inconsciente coletivo. Assim, sabemos hoje que a récita de eventos pelas Nornas no início de *O Crepúsculo dos Deuses* é um reflexo notavelmente preciso desses eventos em forma de metáfora.

A história das Nornas começa com o Freixo do Mundo, cuja sombra verdejante protege uma fonte na qual é possível ouvir a voz da sabedoria. Trata-se de uma época em que os seres humanos são parte da natureza e podem recorrer ao saber da Terra. Assim como os ramos da árvore se alçam na direção do céu, enquanto suas raízes alcançam as profundezas da Terra, os domínios mental e físico estão unidos; o mundo inferior e o mundo superior têm igual importância.

O Freixo do Mundo é um símbolo do *Self*, o arquétipo da totalidade. As pessoas sentiam-se próximas do *Self* quando estavam à vontade na selva e tinham uma visão de mundo semelhante à dos americanos nativos, vinculada com o Pai Celeste, com a Mãe Terra e com toda a vida. Quando o ego está vinculado com o *Self*, sentimo-nos íntegros e em harmonia com o mundo, com a natureza, com o Tao. É isso também que vivenciamos no nosso passado pessoal vagamente lembrado em que formávamos uma unidade com a nossa mãe.

As árvores e as fontes eram consagradas à deusa e aos druidas. Assim, o Freixo do Mundo e a fonte também são símbolos da deusa. Construíram-se templos nos sítios sagrados das Ilhas Britânicas e da Europa. Os cristãos perseguiram e condenaram como pagãs e idólatras as pessoas que ali prestavam culto. Pagão vem do latim *pagani*, que significa "habitantes do campo". Idólatra [*heathen*] vem da palavra alemã *heiden*, "aquilo que está oculto". Uma vez que o culto da deusa era proibido, os ritos pagãos tinham de tornar-se secretos.

Como símbolo da sabedoria, a fonte traz a água clara e pura das nascentes subterrâneas. A água é necessária à vida; é ela que faz vicejar as plantas. Como metáfora, a sabedoria vinda de uma fonte que surge da Terra difere daquela que vem da mente, em forma de palavras ou de conceitos abstratos. A sabedoria da Terra vem do corpo, vem da vida. A sabedoria feminina tem bases fundadas na natureza, por estar num corpo que é um recipiente para a vida. Trata-se de uma sabedoria que afirma o caráter sagrado do mundo físico.

Neste momento de transição, volta à consciência uma crescente percepção da sabedoria feminina e da sua repressão, lembrança conservada viva nas mitologias que descrevem o desaparecimento da deusa da sabedoria. Em *O Anel dos Nibelungos*, inspirado na mitologia teutônica/nórdica, Erda desaparece na Terra para dormir. Na mitologia grega, a deusa pré-patriarcal da sabedoria é Métis, que, induzida por Zeus, mediante artifícios, a ficar pequena, é engolida por ele. Os rolos de manuscritos de *Nag Hammadi*, descobertos no deserto do Sinai na metade do século XX, nos mostram que os cristãos gnósticos acreditavam num aspecto de sabedoria feminina da divindade por eles denominada Sophia. Como eles foram perseguidos como heréticos, o que restou de suas crenças na Sabedoria/ Sophia esteve literalmente enterrado até agora, sendo muito bem descrito em *The Gnostic Gospels* [*Os Evangelhos Gnósticos*, Ed. Cultrix], de Elaine Pagel.

As Nornas explicam o que aconteceu ao Freixo do Mundo e à fonte como uma consequência não prevista das ações de Wotan. Este bebeu da fonte e quebrou um ramo da árvore para fazer a lança com a qual iria governar o mundo. Ele gravava suas leis e acordos no cabo da lança. Com a passagem dos anos, a árvore morreu lentamente e a fonte parou de fluir. Por fim, veio o momento em que Wotan ordenou a derrubada do freixo, sendo a madeira empilhada ao lado dos muros do Valhalla. Da mesma maneira como a morte da árvore e o esgotamento da fonte marcaram o fim da época da deusa, a destruição do Valhalla pelo fogo marcaria a passagem da época de Wotan, o fim do patriarcado.

A cultura pode comportar-se como a psique de uma pessoa. Se ocorrer uma enantiodromia, o reprimido domina a personalidade. O pecador torna-se santo e vice-versa, para dar um exemplo. O equivalente cultural disso é uma revolução política em que o poder mude, como pêndulo, de um polo para o outro.

A cultura também pode se comportar como uma personalidade saudável, aberta e flexível que acomoda e assimila novas informações, novos eventos, novas pessoas, novos sentimentos e pensamentos, de modo que a consciência possa se expandir e crescer (não sem resistência à mudança). Épocas de transição são tempos conturbados, cheios de ambivalência, insatisfação, incerteza sobre a direção a seguir, momentos de verdade e decisões a tomar. Isso se aplica a instituições, organizações e negócios, bem como a culturas e indivíduos.

Especialmente na metade da vida, ocorre uma inquietação interior mediante a qual a personalidade ou se abre à mudança ou se fecha e consolida ainda mais o seu modo de agir. Homens antes identificados com o arquétipo do pai autoritário ou conformados com a expectativa de uma cultura patriarcal de competição por poder e realização (algo que as mulheres também estão fazendo cada vez mais) veem-se numa fase de transição que não difere do ponto em que hoje se encontra o patriarcado ocidental.

Os homens se afastam do reino materno ou da esfera feminina quando entram no mundo patriarcal da escola e do trabalho. Segue-se a repressão e a desvalorização do feminino, da mesma maneira como, historicamente, o conhecimento da deusa e de uma época matriarcal foi esquecido ou negado. Em paralelo com a ameaça à situação vigente manifesta na meia-idade, que acontece com as pessoas quando o aspecto feminino reprimido da personalidade, ou Anima, dá a conhecer sua influência, o feminino reprimido está irrompendo na cultura patriarcal em suas muitas formas de expressão. Todas elas têm a ver com o relacionamento e a interdependência.

ALÉM DO VALHALLA: UMA DIMENSÃO PESSOAL PÓS-PATRIARCAL

Quanto termina *O Crepúsculo dos Deuses*, restam apenas as cinzas da pira funerária, e do Valhalla. Poderia ser um final depressivo, mas não é. Do mesmo modo como a esperança jorra eternamente no peito humano, como a fênix renasce das cinzas, como Hiroshima e Nagasaki renasceram dos escombros da bomba atômica, assim também há alguma coisa em nós que reage ao fim de *O Anel dos Nibelungos* com o reconhecimento de que uma nova era é possível no momento em que o Valhalla deixa de existir e o anel dos nibelungos é devolvido ao Reno. Como representação de um drama interior, o ciclo do *Anel* vive na nossa psique. O patriarcado exerce um forte controle sobre a nossa vida interior, assim como o poder domina o mundo exterior em que vivemos. Cada um de nós tem de decidir por si mesmo, na medida do possível, se o Valhalla vai desaparecer e o anel do poder vai ser redimido pelo *Self*.

O exemplo de Brunnhilde demonstra que podemos aprender com a vida. Quando passamos pelo sofrimento, aceitamos a nossa sombra, em vez de projetá-la nos outros; encaramos a verdade com compaixão e temos a coragem de agir com integridade, as nossas defesas e negações vêm abaixo e vemos com clareza, bem como conhecemos, aquilo que realmente importa. Nesse momento, descobrimos que ter a posse de alguém ou de algo, obter poder sobre os outros, alcançar a fama agora ou mais tarde ou vingar-se já não são metas capazes de nos mobilizar. Só então temos probabilidades de ver que há na verdade uma fonte de sabedoria e de cura nas nossas profundezas: o puro ouro da psique, o amor.

ÁRVORE GENEALÓGICA DE
O Anel dos Nibelungos

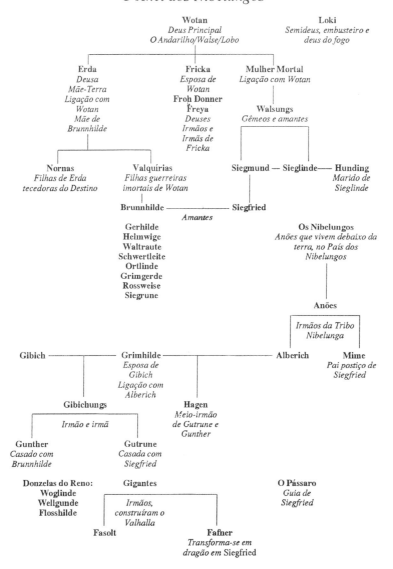

Glossário

PERSONAGENS, CRIATURAS, OBJETOS E LUGARES

ALBERICH: o anão nibelungo que forja o anel dos nibelungos, é privado dele pela força e fica obcecado com a sua recuperação; pai de Hagen.

ANDARILHO, O: a identidade de Wotan quando disfarçado de velho com um chapéu de abas largas que lhe cobre o olho cego.

ANEL DOS NIBELUNGOS: o anel do poder com o qual se pode dominar o mundo; forjado por Alberich, o anão, que renuncia ao amor para fazê-lo; guardado por Fafner, o dragão, que vem a possuí-lo; obtido por Siegfried, que dá a Brunnhilde como prova de amor, é cobiçado por outros.

BRUNNHILDE: a valquíria, virgem guerreira imortal, filha de Wotan e de Erda, que desobedece ao pai e é punida com a perda da imortalidade; perde a virgindade com Siegfried.

CORVO: a ave de Wotan, que anuncia a sua presença ou lhe leva notícias.

DONNER: deus do raio e do trovão, que ele pode evocar com o seu martelo mágico; irmão protetor de Freya.

DONZELAS DO RENO: três ninfas fluviais cuja tarefa é proteger o Ouro do Reno: Flosshilde, Wellgunde e Woglinde. Elas contam o segredo da forja de um anel do poder a partir do Ouro do Reno a Alberich.

DRAGÃO: Fafner, o gigante. Ele se transformou nessa criatura para proteger seu tesouro, que inclui o anel dos nibelungos e o Elmo de Tarn; morto por Siegfried com sua espada, Notung.

ELMO DE TARN: fabricado por Mime, o anão, foi imbuído de poderes mágicos por Alberich, que usou o anel dos nibelungos para fazê-lo, Quem o possuísse podia assumir qualquer forma ou transportar-se a qualquer lugar.

EIRA: deusa da sabedoria, que reside nas profundezas da Terra, é uma mãe terrena cuja influência precede a de Wotan; mãe de Brunnhilde.

FAFNER: um gigante que se transforma em dragão; um dos dois irmãos que são os últimos de uma raça de gigantes mestres construtores; eles constroem o Valhalla. Fafner mata o irmão, Fasolt, para se apossar do anel dos nibelungos, e usa o Elmo de Tarn para se transformar num dragão e guardar seu tesouro.

FASOLT: um gigante e mestre construtor que, com o irmão, Fafner, constrói o Valhalla; morto por Fafner.

FREIXO DO MUNDO: centro do mundo quando os sonhos de Erda eram tecidos na realidade pela Nornas. Wotan quebrou um dos seus ramos para fazer a lança com a qual governava; depois disso, a árvore morreu. Em *O Crepúsculo dos Deuses*, o freixo é transformado em madeira e empilhado ao redor do Valhalla à espera da conflagração que porá fim ao domínio de Wotan.

FREYA: deusa da juventude, do amor e da beleza Ela cultiva as maçãs de ouro que as divindades devem comer para manter sua jovial imortalidade; irmã de Fricka, de Froh e de Donner; prometida por Wotan aos gigantes como pagamento pela construção do Valhalla.

FRICKA: esposa de Wotan, deusa do casamento e da fidelidade, irmã de Freya, de Froh e de Donner.

FROH: deus dos campos, irmão protetor de Freya que criou a Ponte do Arco-Íris para o Valhalla.

GIBICHUNGS: Gunther e Gutrune, descendentes de Gibich; irmãos ambiciosos.

GIGANTES: dois irmãos – Fafner e Fasolt –, os últimos de sua raça de mestres construtores; construíram o Valhalla.

GUNTHER: um mortal gibichung, regente de um feudo do Reno, filho de Gibich e de Grimhilde, irmão de Gutrune e meio-irmão de Hagen por parte da mãe.

GUTRUNE: uma mortal gibichung, irmã de Gunther, meia-irmã de Hagen; desposa Siegfried depois de lhe dar uma poção que o faz esquecer Brunnhilde e desejá-la.

HAGEN: filho ilegítimo de Alberich, o nibelungo, e de Grimhilde, meio-irmão de Gunther e Gutrune; assassino de Siegfried.

HUNDING: marido de Sieglinde; mata Siegmund com a ajuda de Wotan.

LANÇA: ver *Watan, lança de*.

LOKI: semideus embusteiro e deus do fogo. Em *O Ouro do Reno*, é uma figura de embusteiro capaz de pensar rapidamente, que viaja por muitos lugares e obtém informações; nas óperas seguintes, sua identidade de deus do fogo é a mais importante.

MAÇÃS DE OURO: maçãs mágicas cultivadas pela deusa Freya. Sua ingestão diária impedia o envelhecimento das divindades.

MIME: anão nibelungo, irmão maltratado de Alberich; fez o Elmo de Tarn; foi pai postiço de Siegfried.

NIBELUNGOS: anões negros que vivem no subsolo (no País dos Nibelungos); minam ouro, trabalham em forjas e são artesãos.

NORNAS: três filhas de Erda, a deusa da sabedoria. Elas tecem o fio da vida que determina o destino.

NOTUNG: "Necessitada", a espada que Wotan promete ao filho Siegmund estar à sua disposição quando for necessário; Wotan a enterra até o cabo na árvore da casa de Hunding. Despedaçada pela lança de Wotan e reforjada por Siegfried, é usada para matar Fafner, o dragão.

OURO DO RENO: o ouro mágico que estava nas profundezas do Reno até Alberich roubá-lo e forjar com ele o anel dos nibelungos.

PAÍS DOS NIBELUNGOS: lar subterrâneo dos anões nibelungos.

PÁSSARO, O: o informante e guia de Siegfried.

PONTE DO ARCO-ÍRIS: um arco-íris e ponte criados pelo deus Froh; as divindades vão ao Valhalla por meio dela.

SIEGFRIED: o herói sem medo; filho de Siegmund e Sieglinde, os filhos gêmeos de Wotan; órfão desde o nascimento, foi criado por Mime, que o manteve ignorante da sua ascendência.

SIEGLINDE: esposa de Hunding, filha de Wotan e mulher mortal; irmã gêmea de Siegmund, que se torna sua amante; mãe de Siegfried.

SIEGMUND: chamado de "o Walsung". Seu pai é Wotan, que, como "Walse", dorme com uma mulher humana e cria uma nova raça, chamada de os Walsungs. Pai de Siegfried, irmão e amante de Sieglinde.

VALHALLA: castelo fortificado concebido por Wotan e construído pelos gigantes; lar das divindades imortais e dos heróis mortos nos campos de batalha, levados para lá pelas valquírias.

VALQUÍRIAS: nove filhas imortais de Wotan que cavalgam com seus cavalos mágicos pelas nuvens tempestuosas da guerra, usam armaduras e levam para o Valhalla os heróis mortos que tombam em batalha: Brunnhilde, Waltraute, Gerhilde, Ortlinde, Schwertleite, Helmwige, Siegrune, Grimgerde e Rossweise.

WALSE: a identidade de Wotan quando ele vive com uma mulher mortal e gera os Walsungs, Siegmund e Sieglinde.

WALTRAUTE: a valquíria que tenta persuadir Brunnhilde a desistir do anel dos nibelungos, que Siegfried lhe dera como prova do seu amor.

WOTAN: o principal deus e o mais poderoso, que rege mediante acordos e tratados gravados em sua lança. Tem um olho bom, usa um tapa-olho sobre o outro e porta a lança. Conhecido como Odin na mitologia nórdica, é um deus celeste que governa a partir do Valhalla; equivalente ao deus grego Zeus. Pai de Brunnhilde, de Siegmund e de Sieglinde, viveu com uma mulher humana como Walse; como Lobo e Filhote de Lobo, Wotan e Siegmund perambulam e caçam juntos por algum tempo; como o Andarilho, Wotan aparece no semblante de um velho com um chapéu de abas largas que cobre seu olho cego.

WOTAN, LANÇA DE: símbolo do domínio de Wotan, foi feita por ele a partir de um ramo do Freixo do Mundo. Os acordos são gravados em seu cabo. Carregada como um cajado por Wotan em seu disfarce de Andarilho. É quebrada por Siegfried com um golpe de espada quando Wotan tenta impedi-lo de chegar ao topo da montanha onde Brunnhilde dorme cercada por chamas.

SIMBOLOGIA DAS CENAS

Em *O Ouro do Reno* e por todo o ciclo do *Anel*, a locação das cenas sempre é significativa. Creio que faz sentido psicológico perceber o local em que a cena se passa como se fosse uma paisagem onírica, interpretando-a nesses termos. No ciclo do *Anel*, as cenas ocorrem debaixo d'água, nas montanhas, debaixo da terra e na sua superfície; cada locação é, metaforicamente, o lugar apropriado.

O REINO SUBAQUÁTICO

A cena de abertura de *O Ouro do Reno* acontece debaixo da água. As Donzelas do Reno estão no seu elemento, e Alberich, fora do seu. A fluidez e a obscuridade das profundezas aquáticas representam o reino inconsciente da emoção, dos sentimentos e dos instintos. Assim como o mar, qualquer mundo subaquático costuma ser considerado feminino, dotado do poder de levar o foco mental masculino a um domínio perigoso, onde podemos ser inundados pelo instinto ou afogados pelas emoções e levados a nos sentir tolos ou a ser dolorosamente rejeitados.

A consciência, assim como a luz do sol, pode penetrar as camadas mais superficiais dos sentimentos pessoais e iluminar o que aí se encontra. Em camadas mais profundas, muita coisa pessoal ou coletiva pode permanecer oculta ou obscura.

AS MONTANHAS

Quando conhecemos Wotan, ele está num ponto alto das montanhas. Os outros imortais também estão presentes, e é para esse lugar que Erda vai a fim de advertir o deus. Todas as cenas com as valquírias ocorrem em montanhas. É para a montanha que se dirige Fricka a fim de fazer exigências a Wotan. Erda é convocada numa caverna da montanha a ir ao encontro de Wotan. Elevando-se na direção do céu, as montanhas estão acima do plano de existência comum.

Os deuses celestes que regem a partir de cima, para os quais a lei e a vontade são fundamentais, sempre residem no topo da montanha ou vão ao encontro das pessoas nesse lugar. Por exemplo, Zeus regia a partir do Monte Olimpo, que era o lar dos imortais gregos, e Jeová deu a Moisés os Dez Mandamentos no Monte Sinai. O topo da montanha como locação simbólica representa o reino mental e o domínio religioso da transcendência, com sua ênfase no espírito. Quando nos alçamos espiritualmente ao céu, elevamo-nos acima do corpo, das emoções e da vida em comum.

Quando a ênfase de uma religião ou cultura é a transcendência, bem como a hierarquia, a montanha é um lugar liminar, colocado entre o mundo comum embaixo e o vasto céu em cima, um local onde os mundos humano e divino se entrecruzam ou se encontram. Em *O Anel dos Nibelungos*, o cume da montanha é o habitat natural dos imortais.

Do ponto de vista psicológico, em todas as civilizações ocidentais derivadas da Grécia, o cimo é a morada dos arquétipos sancionados pela cultura – arquétipos das pessoas que têm o poder e são dotadas de poder, dos que são modelos de papéis socialmente favorecidos ou tradicionais e reconhecidos. Quando as culturas dirigem o olhar para o céu e põem um homem forte com vontade e poder no topo, Wotan ou seu equivalente é o arquétipo dominante, e o poder pode tornar-se um forte apego.

O MUNDO INFERIOR

O País dos Nibelungos é o lar subterrâneo desses anões, isto é, um mundo inferior.

Esses anões ou gnomos vivem debaixo da terra e trabalham como mineiros, fundidores ou artesãos em suas oficinas.

Tal como o mundo subaquático, o mundo inferior costuma simbolizar o inconsciente e, embora haja semelhanças entre eles, as diferenças são significativas. Ao contrário das profundezas emocionais que a água costuma representar, o mundo inferior contém lembranças, pensamentos e aspectos de nós mesmos que reprimimos. Qualquer coisa demasiado dolorosa, vergonhosa, não atraente ou inaceitável para os outros torna-se conteúdo dessa parte do inconsciente pessoal, o mesmo ocorrendo com todas as coisas nas quais não queremos pensar e reprimimos ou suprimimos.

Aqui também há ouro e outros tesouros, riquezas que ainda não foram descobertas e levadas para a consciência. Refletindo isso, o nome romano do deus do mundo inferior era Plutão, que significava "riquezas subterrâneas". Assim como os talentos da Bíblia, que não deviam ser enterrados e entesourados, mas usados e aumentados, o ouro do reino inferior é uma metáfora dos talentos naturais que precisam ser desenterrados, ou de habilidades escondidas que devem ser descobertas, aprimoradas e processadas até que façamos algo com elas.

Hades era o nome do mundo inferior e do deus a que esse reino pertencia na mitologia grega. O Hades era habitado pelas sombras. Imagens daqueles que um dia viveram e agora estavam desprovidos de vida. Estar no mundo inferior é também uma metáfora referente à depressão crônica, condição em que a vida parece cinza, sem cor nem vitalidade. Quando deprimidos, costumamos nos sentir não atraentes, e até feios, indignos da companhia dos que têm sucesso; sentimo-nos como um nibelungo, pequeno, disforme, oprimido.

O deus grego Hefesto, da forja, também tinha sua oficina no subsolo. Era um aleijado rejeitado que trabalhava com as mãos, ao contrário dos belos imortais do Monte Olimpo. Ele também poderia ser considerado "um nibelungo" – como designação para aquilo que é rejeitado em nós, primeiro pelos outros e depois por nós mesmos. Tudo o que é desconsiderado pela cultura também vai para o "subterrâneo". Na mitologia do deus celeste, são honrados o reino mental e as divindades associadas com a mente, a vontade, o pensamento abstrato e o poder exercido a distância. Eles vivem no topo, ao contrário daqueles que representam atributos desvalorizados.

A TERRA

Quando os seres humanos são as principais personagens das cenas, a locação é a Terra, onde casas são construídas e árvores florescem. Em vez de estar abaixo da superfície do rio, estamos em suas margens. Quando se torna o Andarilho, Wotan também desce à Terra, o reino da experiência cotidiana e da consciência normal.

O RIO

O Reno é uma metáfora do rio da vida e do tempo. Ele flui como o tempo histórico, sendo no entanto parte de um ciclo eterno.

LEITURAS SELECIONADAS

I. A ÓPERA

O ciclo do *Anel* começou a se tornar vívido para mim quando mergulhei na história e nos diálogos por meio da leitura do libreto da ópera. A versão traduzida que por acaso encontrei na biblioteca do Instituto C. G. Jung de San Francisco foi a de Stewart Robb. A Opera Guide Series de cada uma das quatro óperas me forneceu notas interpretativas, dados históricos, guias temáticos para os motivos centrais da música e a tradução do libreto por Andrew Porter, que foi a minha referência fundamental.

Wagner, Richard. *The Rhinegold/Das Rheingold*. Tradução para o inglês de Andrew Porter (1985). Opera Guide Series, nº 35. Editado por Nicholas John. Publicado em associação com a English National Opera e The Royal Opera. Nova York, Riverrun Press, 1985.

Wagner, Richard. *The Ring of the Nibelung*. Tradução e Prefácio de Stewart Robb. Nova York, Dutton, 1960.

Wagner, Richard. *Siegfried*. Tradução para o inglês de Andrew Porter (1976). Opera Guide Séries, nº 28. Editado por Nicholas John. Publicado em Associação com a English National Opera e The Royal Opera. Nova York, Riverrun Press, 1984.

Wagner, Richard. *Twilight of the Gods/Götterdämmerung*. Tradução para o inglês de Andrew Porter (1976). Opera Guide Series, nº 31. Editado por Nicholas John. Publicado em associação com a English National Opera e The Royal Opera. Nova York, Riverrun Press, 1985.

Wagner, Richard. *The Valkyrie/Die Walküre*. Tradução para o inglês de Andrew Porter (1976). Opera Guide Series, nº 21. Editado por Nicholas John. Publicado em associação com a English National Opera e The Royal Opera. Nova York, Riverrun Press, 1983.

II. COMENTÁRIOS SOBRE O CICLO DO *ANEL*

Wagner's Ring and Its Symbols: The Music and the Myth (Nova York, St. Martin's Press, 1974; primeira edição: 1963), de Robert Donington, é a interpretação junguiana clássica, erudita, do ciclo do *Anel*. A perspectiva psicológica do autor considera o ciclo do *Anel* como o mito pessoal de Wotan, sendo as outras personagens compreendidas, por conseguinte, como aspectos da sua personalidade: por exemplo, Brunnhilde e Fricka são aspectos da Anima do deus. Uma vez que os mitos se assemelham a sonhos coletivos e os sonhos podem ser interpretados de muitas perspectivas válidas, não há uma interpretação correta, mas sim muitos significados possíveis. Não li, além do livro de Donington (que tem uma ampla bibliografia), nenhuma outra interpretação psicológica do ciclo do *Anel*.

III. PERSPECTIVA PSICOLÓGICA

O Anel do Poder exibe uma perspectiva psicológica baseada na experiência clínica, partindo do meu treinamento e da minha prática de psiquiatra e de analista junguiana. Ele foi influenciado pela minha residência em psiquiatria, de orientação psicanalítica, a que se seguiu meu treinamento como analista junguiana. As *Obras Completas de C. G. Jung* continuam sendo a principal referência do pensamento junguiano acerca dos mitos, dos símbolos, da estrutura da psique, dos tipos psicológicos, da interpretação de sonhos e dos arquétipos do inconsciente coletivo, fornecendo uma profunda compreensão da psique individual.

O movimento feminista e sua literatura definiram o patriarcado e seus efeitos sobre as pessoas; a partir disso, pude ver que as pessoas são influenciadas pelos arquétipos que existem na sua psique e pelas expectativas da família e da sociedade, como descrevo em *Goddesses in Everywoman* e *Gods in Everyman*. Os livros de Alice Miller sobre o narcisismo e o efeito que os abusos têm nas crianças contribuíram muito para a minha perspectiva clínica, o mesmo ocorrendo com a literatura sobre os vícios e os apegos, a codependência, a família desajustada e a sociedade.

Bolen, Jean Shinoda, *Gods in Everyman*. San Francisco, Harper & Row, 1989.

Bolen, Jean Shinoda. *Goddesses in Everywoman*. San Francisco, Harper & Row, 1984.

Bradshaw, John. *The Family*. Deerfield Beach, Flórida, Health Communications, 1988.

Jung, C. G. *Collected Works of C. G. Jung*. Editado por Herbert Read, Michael Fordham e Gerald Adler; traduzido por R. F. C. Hull e William McGuire. Bollingen Series, nº 20. Princeton, Nova Jersey, Princeton Univ. Press, cada volume com sua própria data.

Lave, Patricia, com Jo Robinson. *The Emotional Incest Syndrome*. Nova York, Bantam, 1990.

Miller, Alice. *Drama of the Gifted Child and the Search for the True Self*. (Publicado originalmente como *Prisioners of Childhood*.) Traduzido por Ruth Ward. Nova York, Basic Books, 1981.

Miller, Alice. *For Your Own Good: Hidden Cruelty in Childrearing and the Roots of Violence*. Traduzido por Hildegarde e Hunter Hannu. Nova York, Farrar Straus Giroux, 1983.

Schaef, Anne Wilson. *When Society Becomes an Addict*. San Francisco, Harper & Row, 1987.

Steinem, Gloria. *Revolution From Within*. Boston, Little Brown, 1992.

Terr, Lenore. *Too Scared to Cry*. Nova York, Harper & Row, 1990.

IV. RESGATE DO FEMININO

Se a depreciação dos valores femininos, da Anima nos homens, e a subjugação das mulheres estão vinculadas com o desaparecimento da deusa ou com a ausência de um aspecto feminino da divindade, essa sabedoria feminina desonrada ou perdida precisa retornar tanto à psique dos homens e das mulheres como à cultura. Os livros a seguir dão indicações acerca do que foi reprimido, bem como daquilo que pode ressurgir e contrabalançar qualidades e valores masculinos.

Eisler, Riane. *The Chalice and the Blade*. San Francisco, Harper & Row, 1987.

Gimbutas, Marija. *The Goddesses and Gods of Old Europe, 6500-3500 B.C.: Myths and Cult Images*. Edição revista. Berkeley, University of California Press, 1982.

Pagels, Elaine. *The Gnostic Gospels*. Nova York, Vintage Books, 1981.

Spretnak, Charlene (org.). *The Politics of Women's Spirituality*. Nova York, Doubleday, 1982.

Stone, Merlin, *When God Was a Woman*. Nova York, Harcourt Brace Jovanovich, 1976.

DISCOGRAFIA

GRAVAÇÕES DE THE *RING OF THE NIBELUNG*, DE WAGNER

Esta relação de gravações comerciais disponíveis em áudio foi fornecida por Patrick J. Smith, editor de *Opera News*.

Códigos: (A) Brunnhilde, (B) Sieglinde, (C) Gutrune, (D) Fricka, (E) Siegmund, (F) Siegfried, (G) Mime, (H) Gunther, (I) Wotan, (J) Alberich, (K) Hagen, (L) Hunding.

1958-66: London/Decca; (A) Nilsson, (B) Crespin, (C) Watson, (D) Flagstad, Ludwig, (E) King, (F) Windgassen, (G) Kuen, Stolze, (H) Fisher-Dieskau, (I) London, Hottor, (J) Neidlinger, (K) Frick, (L) Frick; Viena Philarmonic Orchestra; Sir Georg Solti.

1966-67: Phillips; (A) Nilsson, (B) Rysanek, (C) Dvořáková, (D) Burmeister, (E) King, (F) Windegassen, (G) Wohlfahrt, (H) Stewart, (I) Adam, (J) Neidlinger, (K) Greindl, (L) Nienstedt; Bayreuth Festival Orchestra; Karl Böhm.

1966-70: Deutsche Grammophon; (A) Crespin, Dernesch, (B) Janowitz, (C) Janowitz, (D) Veasey, (E) Vickers, (F) Thomas, Brilioth, (G) Wohlfahrt, Stolze, (H) Stewart, (I) Fischer-Dieskau, Stewart,

(J) Keleman, (K) Ridderbusch, (L) Talvela; Berlin Philarmonic Orchestra; Herbert von Karajan.

1980-83: Eurodisc; (A) Altmeyer, (B) Norman, (C) Dvořáková, (D) Minton, (E) Jerusalem, (F) Kollo, (G) Schreier, (H) Nöcker, (I) Adam, (J) Nimsgern, (K) Salminen, (L) Moll; Dresden Stattskapelle; Marek Janowski.

1988-92: Deutsche Grammophon; (A) Behrens, (B) Norman, (D) Ludwig, (E) Lakes, (F) Goldberg, (H) Weikl, (I) Morris, (J) Wlaschiha, (K) Salminen; Metropolitan Opera Orchestra; James Levine.

GRAVAÇÕES EM VÍDEO DE *DER RING DES NIBELUNGEN*, DE WAGNER

Produção do Metropolitan Opera, transmitida pela primeira vez em 1990; disponível individualmente ou como um conjunto completo em VHS ou Laser Video Disc.

Das Rheingold: Morris, Ludwig, Jerusalem, Wlaschiha, Zednik, Rootering, Salminen; James Levine.

Die Walküre: Behrens, Norman, Ludwig, Lakes, Morris, Moll; James Levine.

Siegfried: Jerusalem, Morris, Zednik, Behrens, Wlaschiha, Svenden, Upshaw, Salminen; James Levine.

Götterdämmerung: Behrens, Jerusalem, Salminen, Ludwig, Raffell, Lisowska, Wlaschiha; James Levine.

Impresso por :

Graphium
gráfica e editora

Tel.:11 2769-9056